Il bello del vivere in Sicilia è molto semplice da capire, basta esserci, respirare l'aria che sa di agrumeti, di terra, di sole, di mare, di storia, di popoli che da qui son passati e qui hanno lasciato segni indelebili nella cultura e nel patrimonio architettonico culturale.

Ma anche e soprattutto nelle facce, nelle espressioni della gente comune.

"Senza vedere la Sicilia, non ci si può fare un'idea dell'Italia. È in Sicilia che si trova la chiave di tutto"
(Goethe)

Raccolta di episodi in salsa agrodolce sicula

Ricette

Pasta al forno, Marmellata di Cedri, Marmellata di Arance, i Purciddati, Insalata di Polpo, pasta con le sarde, fagioli alla menta, il cannolo siciliano, Bucatini con i broccoli, Mostaccioli, busiate alla trapanese, pasta al nero di seppia, risotto alla marinara, sfinci di S. Giuseppe, milinciani ammuttunati, pomodori secchi, pupu cu l'ovu, buccellati, pasta di mandorle.

Canzoni tradizionali popolari

Ciuri Ciuri

Vitti Na Crozza

Si Maritau Rosa

Tarantella d'Amuri

Franco Franchi e Ciccio Ingrassia – La storia vera

La solidarietà e le emergenze

L'Isola dei Sogni

La Tempesta

Il sole stava tramontando su Palermo, gettando un manto dorato sulle antiche mura della città. Le onde del Mediterraneo si infrangevano dolcemente contro il molo, un segno di pace in un'isola che aveva conosciuto secoli di conflitti e conquiste. Ma in quel giorno di ottobre, una tempesta si stava avvicinando, minacciando di sconvolgere l'apparente tranquillità della città.

Antonio, un giovane pescatore, stava preparando la sua barca per l'ennesima notte in mare. Da generazioni, la sua famiglia viveva di pesca, e nonostante le difficoltà, il mare era la sua casa. Tuttavia, quella sera, un presentimento oscuro gli pesava sul cuore.

"Antonio, non andare stasera," lo avvertì sua madre, Rosa, con una preoccupazione evidente negli occhi. "Il mare è irrequieto e le nuvole nere promettono guai."

Antonio guardò sua madre e sorrise, cercando di rassicurarla. "Mamma, sai che il mare non mi ha mai tradito. Tornerò prima dell'alba, come sempre."

Rosa non era convinta, ma sapeva che nulla avrebbe potuto fermare suo figlio. Con un sospiro rassegnato, lo abbracciò strettamente prima di lasciarlo andare.

La Nave dei Disperati

Mentre Antonio si dirigeva verso il mare aperto, un'altra nave, molto diversa dalla sua, stava lottando contro le onde. Era una barca sovraffollata di migranti, in fuga da guerre e povertà, in cerca di una vita migliore in Europa. Tra loro c'era Amina, una giovane madre somala con il suo figlioletto, Malik. I loro occhi riflettevano la paura e la speranza.

La tempesta colpì con una furia improvvisa e spietata. La barca di Antonio fu sballottata come un giocattolo nelle mani di un bambino capriccioso. Cercando di mantenere la calma, Antonio lottò contro gli elementi, ma presto si rese conto che era una battaglia persa. Decise di cercare rifugio in una piccola cala che conosceva bene, sperando che le scogliere li proteggessero dalla furia del mare.

Il Salvataggio

Nella confusione della tempesta, Antonio intravide la nave dei migranti in difficoltà. Senza esitazione, si diresse verso di loro, combattendo contro le onde gigantesche. Quando finalmente raggiunse la nave, vide il terrore nei volti dei passeggeri.

"Salite sulla mia barca!" gridò Antonio sopra il rombo della tempesta. "Non c'è tempo da perdere!"

Con grande difficoltà, i migranti iniziarono a trasferirsi sulla barca di Antonio. La barca era già sovraccarica, ma Antonio sapeva che non poteva abbandonarli. Con un ultimo sforzo, riuscì a portare tutti in salvo nella cala protetta.

La Solidarietà

Quando la tempesta finalmente si placò, la piccola comunità di pescatori di Palermo si mobilitò per aiutare i naufraghi. Le case si aprirono per accogliere i nuovi arrivati, e il cibo fu condiviso generosamente. Rosa, con il cuore pieno di gratitudine per il ritorno sicuro di suo figlio, si prese cura di Amina e Malik come se fossero parte della sua famiglia.

Nei giorni successivi, la comunità lavorò instancabilmente per assicurarsi che i migranti avessero tutto il necessario. Gli abitanti di Palermo si unirono in uno spirito di solidarietà che andava oltre le differenze culturali e linguistiche. Le barriere si dissolsero, sostituite da un sentimento di umanità condivisa.

Un Nuovo Inizio

Con il tempo, molti dei migranti riuscirono a trovare lavoro e a costruirsi una nuova vita a Palermo. Amina, con l'aiuto di Rosa, aprì una piccola bottega di tessuti, dove le sue abilità artigianali divennero famose in tutta la città. Antonio, divenuto eroe locale, continuò a pescare, ma con una consapevolezza nuova e profonda dell'importanza di aiutare il prossimo.

La tempesta che aveva portato così tanto caos aveva anche rivelato il vero spirito della Sicilia: un'isola di solidarietà, dove le persone si univano per affrontare le difficoltà e costruire un futuro migliore insieme.

Epilogo

L'Isola dei Sogni non era solo un luogo fisico, ma uno stato d'animo. Un luogo dove la solidarietà e l'umanità trionfavano sulle avversità, dimostrando che, anche nelle tempeste più violente, la luce della speranza e della comunità poteva brillare più luminosa che mai.

E così, tra le onde del Mediterraneo e le antiche strade di Palermo, la storia di Antonio, Amina, e della loro comunità divenne una leggenda di speranza, ricordando a tutti che, nonostante le difficoltà, l'amore e la solidarietà avrebbero sempre trovato il modo di prevalere.

Breve elenco di proverbi siciliani

Cu chiui na porta rapi un purtuni

Invito alla perseveranza, a non fossilizzarsi in una situazione stagnante. Frase che sprona verso il dinamismo, verso aspettative più alte.

Megghiu u tintu canusciuti ca u bonu a canusciri

Si può interpretare come l'esatto opposto della frase precedente. Invito alla staticità, esaltazione del non rischio. Meglio stare con chi si conosce, anche se è cattivo, non buono, non perfetto, non il massimo, che rischiare di trovare dell'altro, o altri, apparentemente migliori, senza avere chissà che tipo di garanzie.

Il riferimento è sia verso cose, persone, situazioni,etc.

(questa frase è per alcuni ritenuta il trionfo della mentalità sicula, dettata spesso da un immobilismo intellettuale notevole)

Ci rissi u surci a nuci, dammi u tempu ca ti perciu

Disse il topo, il sorcio, alla noce, dammi il tempo che ti buco (a forza di rosicchiare).

La perseveranza, l'insistenza, la determinazione, portano prima o poi ai risultati sperati.

Na nuci 'nto un saccu un scrusci ('ntonsaccu)

Una noce, da sola, nel sacco, non fa rumore.

Si intuisce già bene così, serve numero per fare le cose, sia in democrazia, sia nelle azioni più spicciole e ordinarie di ogni giorno. Da soli, non si fa rumore.

(anche questa frase nasconde grande saggezza ma anche grandi limiti nell'ambizione, e se quel qualcuno fosse in grado di agire cercando altre noci?)

Amici e parenti, un ciaccattari e un ci vinniri nenti

(un ci accattari e un ci vinniri nenti)

Chi vende qualcosa, o compra qualcosa, presso un amico, o un parente, poi avrà sicuramente degli imbarazzi.

Il parente o l'amico (*nella mentalità sicula*) si arroga dei diritti, oppure si aspetta trattamenti di favore, poiché parente o amico, da lì spesso, nascono problemi di varia sorta. (*sconto preteso, malinteso a monte, poi me lo paghi che problema c'è siamo tra noi, opacità e via dicendo*)

A palermo si bussa cu i pieri, (detto palermitano)

In sicilia si bussa chi peri (o i pedi, a seconda delle zone)

Modo di dire, proverbio, molto in uso durante le feste in cui le comunità, le famiglie, si riuniscono, e ciascuno porta qualcosa da mangiare.

Poiché l'ospite ha le mani impegnate dalle borse di cibo, probabilmente, vassoi (di dolci probabilmente)

Non ha le nocche disponibili per bussare, quindi bussa con i piedi.

Un si torna mai cu i manu vacanti

Si commenta da sola: invito a non fallire la propria missione, anche in termini spiccioli.

Cu avi chiù codda attacca u poccu (nel catanese)

Chi ha le dotazioni necessarie per agire, o per fare una data azione la farà, la faccia, la può fare.

Chi ha le doti, le virtù per poter agire, lo faccia.

Chi ha i mezzi (*ad esempio i capitali*) per adoperarsi, lo fa (*il siciliano ha scoperto già da secoli il concetto di capitalismo nel capitalismo*)

U lupu di malacuscienza comu adopera a pensa

Il soggetto che solitamente pensa male degli altri, probabilmente è perché lui farebbe la stessa cattiva azione. (*limitativa come deduzione, ma sempre trazione è, ricade nella mentalità del siculo medio, patria della cultura del sospetto*)

Futti futti ca Diu perdona a tutti

Si commenta da sola, invito ad agire, tanto prima o poi il perdono arriva per tutti. (o no?)

Pensa mali ca ti veni u beni

(questa è sicuramente frase ereditata da altri contesti
socioculturale: A pensar male a volte si fa peccato, ma
spesso ci si azzecca)

C'un si pigghia un s'assumigghia

(nuddu si pigghia si un si sumigghia)

Si commenta da sola

Grana, amuri e biddizzi un si punu mucciari (Enna)

Grana = denaro, soldi.

Denaro, amore e bellezze non si possono (e non si
devono) nascondere.

Megghiu diri chi sacciu ca chi sapiva (Caltanissetta)

Meglio non lasciarsi incertezze alle spalle, il dubbio va
tolto.

Vai ni to nonnu

e fatti dare un pocu di trattenimento

Vai da tuo nonno e restaci per un po'.

Occhi ca un viri cori ca un doli

Occhio non vede cuore non duole

Pignata guardata un vugghi mai

Pentola osservata di continuo, non bolle mai. E' inutile che guardi stressando i processi che hai avanti a te, il tempo ha bisogno del suo corso.

Aceddu 'nta argia nun canta p'amuri ma pi raggia

(la versione del suddetto proverbio ha anche visto una variante)

Aceddu 'ntà argia, o canta p'amuri o pi raggia.

   a) Uccellino in gabbia non canta per amore ma per rabbia
   b) Uccellino in gabbia, o canta per amore o per rabbia.

Esiste anche una terza versione: Uccellino in gabbia o canta per stizza o per rabbia.

Acqua cunsigghiu e Sali, a cu unn'addumanna un cinnaddari.

Acqua, consigli e sale, non ne nare a chi non ne chiede.

Soprattutto riferito a suggerimenti gratuiti, consigli non richiesti, benevolenza e beneficienza senza ritorno. Altruismo che non paga.

A vucca è quantu n'aneddu, si mancia turri, palazzi, e casteddu.

Le parole a sproposito fanno più danno di un terremoto.

Attacca lu sceccu unni voli u patruni

L'asino (anticamente strumento di lavoro), va legato dove lo decide il suo padrone, sicuramente sarà la scelta più utile e saggia.

L'occhiu ru patruni 'ngrassa u cavaddu.

Modo di dire molto interessante: evidenzia la sfiducia verso i lavori fatti da terzi, senza la presenza del proprietario, del committente, della persona che con interesse personale massimo, fa sì che tutto vada alla perfezione, ossia il padrone.

Sparagna la farina quannu la sacca è china.

Invito a non sprecare la materia prima, le risorse, soprattutto quando è tempo di vacche grasse, poiché il tempo delle vacche magre arriva prima o poi.

Cu mancia fa muddichi

Inevitabile è per chi fa qualcosa, che si creino dei risultati collaterali spesso danni collaterali.

Cu nesci arrinesci

Triste proverbio siculo, che evidenza il fattore nemo profeta in patria. Spesso le condizioni per ambire, essere e diventare qualcuno in Sicilia non sono le più floride, quindi non resta che emigrare, provare fuori altre strade.

Cu paga prima mancia pisci fitusu

Tragica condizione di chi, avendo pagato prima, nella massiama fiducia verso il suo fornitore, si ritrova merce non proprio all'altezza delle sue aspettative, o semplicemente si mette nella condizione si svantaggio verso lo stesso, poiché una volta che ha incassato la somma, il fornitore fa il bello è il cattivo tempo. Modo di dire trionfo di diffidenza.

Cu prima nun pensa all'ultimu suspira.

A chi non pensa prima di agire non resta che sospirare

Soccu ora si schifia veni lu tempu ca si addisia

(quello che oggi non si apprezza, domani lo si desidererà, lo si rimpiangerà)

E poi, cu lu po' diri, ca tuttu stu beni di Diu avà finiri (cit. Porta Vagnu, Ivan Segreto, Sciacca)

Di na rosa nasci na spina e di na spina nasci na rosa

(libera interpretazione)

Malidittu u murmuriaturi ma chiossai cu si fa murmuriari

Chi parla sottobanco male degli altri è maledetto, ma molto di più lo è chi lascia che gli altri parlino male di lui alle sue spalle.

U bonu no, vali chiù di nu tintu sì

(meglio la sincerità di un rifiuto detto con grazia, che un sì alimentato da cafonaggine)

Testa cun parra si chiama cucuzza

Chi non produce pensieri, non ha niente da dire, come le cucuzze.

Spenni picca e arricchisci, parra picca e 'nserti, mancia picca e campi assai.

Qui l'antica saggezza popolare, frutto di sacrifici e risparmio si fa sentire tutta: Spendi poco, sii parsimonioso e non sprecare, parla poco, chi parla poco poco sbaglia, mangia poco e la salute andrà alla grande, non ingozzarti e non avere squilibri alimentari.

Cu di sceccu ni fa un mulu, u primu cavaciu è u so'.

Chi sfrutta troppo l'altro, prima o poi la paga.

Un manca mai a li vecchi chi cuntari, quannu stannu a lu suli o a lu fuculari.

Agli anziani non manca mai cosa raccontare, quando si trovano al calore del sole o al tepore del focolare.

Si lu giuvani volussi e lu vecchiu putissi, non ci fussi cosa ca un si facissi.

Giovani e Anziani insieme possono fare tante cose, gli uni con l'entusiasmo e la forza gli altri con la conoscenza, la sapienza e la saggezza.

U tardu pagaturi unnè malu pagaturi

Chi paga tardi non è da considerarsi un soggetto che non paga, ha solo avuto delle difficoltà, non va annoverato tra i non pagatori.

Fimmina 18 masculu 28

Antica credenza popolare siciliana che pensava che la donna matura prima dell'uomo, forse una credenza attualissima ancora oggi.

Amici e guardati

Nella terra della cultura del sospetto, la diffidenza non è mai troppa

Iunciti cu cu è mugghiu di tia, e pagaci la via.

Frequenta sempre gente migliore di te, e se serve offri tu.

Cu sparagna i sordi ru varveri, si fa a varva scali scali.

Chi risparmia su cose indispensabili, finisce con il far male (antitesi del " chi fa da sé fa per tre)

Addinugghiuni cuttuni cugghia, e cugghiennu cugghiennu a tia idda talia.

Chi fa finta di lavorare prima ti guarda poi riferisce.

Comu veni si cunta

(variante di Soccu nasci vattiamu)

Invito all'improvvisazione, imparando facendo. Poca programmazione e tanta azione sul posto, durante.

(Supra a carta si canta a musica, altra variante)

A addina chi camina s'arricampa ca vuzza china.

(gallina che cammina torna a casa con le bozza piena)
Invito alla ricerca, a non stare fermi con le mani in mano.

Un patri campa centu figghi, centu figghi un campanu un patri.

Amara verità che la saggezza popolare siciliana evidenzia quando si tratta di notare quanto l'altruismo di un padre verso un figlio sia sempre imparagonabile a quello di quest'ultimo.

Iurnata rutta perdila tutta

(giornata partita male meglio prendersela di riposo)

Tri su li beni vuluti: buffoni, ruffiani e gran cornuti
(tre sono i ben voluti: buffoni, ruffiani e cornuti)

Omini, mezzi omini, ominicchi, ruffiani e quaraquaquà

(cit. Il giorno della civetta, Regia Damiano Damiani)

Fatti a nomina e va curchiti

fatti la nomina e dormi sugli allori, trionfo di staticità
tipicamente siciliana

Ancora a nasciri e si chiama Cola
già da piccolo chiede conto e ragione, trionfo di
arroganza tipicamente siciliana

'U veru surdu e chiddu ca non voli sentiri
il vero sordo e chi non vuole sentire, trionfo di
doppiogiochismo e ipocrisia

Ogni 'mpidimentu è giuvamentu
ogni impedimento è giovamento, interessante piega
interpretativa che si può dare ad un imprevisto.
Impedimento visto come opportunità e non come
limite, ricorda molto il motto giapponese "dove c'è crisi
c'è opportunità

**Dui cosi non potti addrizzari lu Signori: cucuzzi longhi e
testi di viddani**
due cose non ha potuto raddrizzare il creatore: le
zucche lunghe e i campagnoli

Si voi campari 'npaci, ascuta, varda e taci
se vuoi campare in pace, ascolta, guarda e taci,

il trionfo del "non vedo non sento e non parlo"

A fimmina ca ridi, non ci aviri fidi

non avere fede in una donna che ride

(proverbio antico che invita a diffidare dalle donne che
non stanno zitte e ossequiose, trionfo di società
fallocentrica, filo islamica)

U rispettu è calculatu, cu ni porta n'havi purtatu

se rispetti sarai rispettato in egual misura,
proverbio di antica saggezza.

Cu ti voli beni ti fa chianciri e cu ti voli mali ti fa ridiri

Chi ti vuol bene ti fa piangere chi ti vuol male ti ridere,
anche qui si evidenzia la grande forza e sincerità di
alcuni proverbi siciliani.

Cu nasci tunnu un mori quadratu

Chi nasce rotondo non muore quadrato, alla propria
natura non ci si può ribellare. Tipica espressione
connaturata in una mentalità tendenzialmente statica
verso l'evoluzione.

Leggende Siciliane

La leggenda della Baronessa di Carini

La luna piena illuminava il cielo sopra Carini, nel palermitano, gettando una luce pallida sul vecchio castello che dominava la valle. Questo imponente maniero, con le sue torri merlate e le mura imponenti, era stato testimone di innumerevoli storie, ma nessuna tanto tragica quanto quella di Donna Laura.

Donna Laura, una fanciulla di rara bellezza, aveva appena quattordici anni quando il destino le riservò un matrimonio con il vecchio barone di Carini. Era una ragazza con sogni e speranze, costretta a vivere in un'ombra di solitudine e infelicità accanto a un uomo molto più anziano di lei. Le fredde mura del castello sembravano rispecchiare la sua tristezza, ogni giorno un po' più opprimenti.

Gli anni passarono lenti e crudeli. Laura camminava per i corridoi del castello, il suo spirito un prigioniero senza speranza. Ma il destino, capriccioso e imprevedibile, le riservava un ultimo colpo di scena. Un giorno, mentre passeggiava nei giardini, i suoi occhi incontrarono quelli di Ludovico Vernagallo, un giovane cavaliere dal cuore ardente e dagli occhi brillanti. Fu amore a prima vista, un sentimento puro e incontrollabile che crebbe rapidamente tra di loro.

Ludovico divenne il raggio di sole nella vita oscura di Laura, e lei, a sua volta, era il suo angelo. I due innamorati si incontravano in segreto, rubando momenti di felicità nelle ombre del castello. Ma la felicità è spesso un bene fragile e fugace. Il vecchio barone, sospettoso e geloso, scoprì la relazione clandestina. Accecato dalla rabbia e dall'orgoglio ferito, decise di vendicarsi in modo brutale.

In una notte tempestosa, mentre i fulmini illuminavano il cielo e il vento ululava attraverso le fessure delle mura, il barone tese un'imboscata ai due amanti. Li trovò insieme, stretti in un abbraccio disperato, e senza pietà li colpì con la sua spada. Il sangue scorse copioso sul pavimento di pietra, e le urla di Laura e Ludovico si persero nel fragore della tempesta.

Da quel momento, il castello di Carini non fu mai più lo stesso. Il fantasma di Laura, con il cuore infranto e l'anima tormentata, non trovò mai pace. Ancora oggi, si dice che il suo spirito si aggiri per i corridoi del castello, un'ombra pallida e silenziosa in cerca del suo amore perduto.

Ma c'è di più. Ogni anno, nell'anniversario della sua tragica morte, una strana apparizione si manifesta. Una macchia insanguinata, l'impronta della mano di Laura, compare su una pietra del castello. La leggenda narra che questa sia un segno del suo dolore eterno, un grido muto che risuona nel cuore di chiunque lo veda.

Il castello di Carini resta un luogo di mistero e tristezza, un monumento all'amore tragico di Donna Laura e Ludovico Vernagallo. E così, nella quiete della notte, quando il vento sussurra tra le mura antiche, sembra quasi di sentire un flebile lamento, il pianto di un'anima che non troverà mai pace.

La leggenda di Santa Lucia – Siracusa

C'era una volta, in una piccola città della Sicilia, una giovane di nome Lucia, conosciuta in tutta la regione per la sua bellezza straordinaria e la sua bontà d'animo. Lucia non era solo bella, ma anche profondamente devota a Dio, trascorrendo gran parte delle sue giornate in preghiera e atti di carità.

Un giorno, un giovane nobile di nome Marco, affascinato dalla sua bellezza, iniziò a farle delle avances. Marco era abituato a ottenere tutto ciò che desiderava e non poteva accettare un rifiuto. La madre di Lucia, vedendo in Marco un ottimo partito per la figlia, era entusiasta dell'interesse del giovane e incoraggiava Lucia a accettare la sua corte. Ma Lucia, con il cuore già dedicato a Dio, rifiutò le attenzioni di Marco con gentilezza ma fermezza.

Il giovane, non abituato al rifiuto e con l'orgoglio ferito, si infuriò. La sua passione si trasformò in rabbia oscura, e decise che se non poteva avere Lucia, nessun altro l'avrebbe avuta. Prese una decisione crudele e spietata: avrebbe bruciato Lucia viva, credendo che così facendo avrebbe cancellato la fonte del suo tormento.

La notte prescelta, Marco e i suoi uomini trascinarono Lucia nella piazza del villaggio e prepararono un rogo. Lucia, con il cuore colmo di paura, alzò gli occhi al cielo e pregò intensamente. Chiese a Dio la forza di sopportare ciò che stava per accadere. Dio, ascoltando la preghiera della sua fedele serva, decise di intervenire.

Quando il fuoco venne acceso, le fiamme cominciarono a lambire il corpo di Lucia, ma non le causarono alcun dolore. Rimase immobile, il volto sereno, e le fiamme sembravano danzare intorno a lei senza bruciarla. La folla che si era radunata per assistere alla scena, rimase stupita davanti a quel miracolo. Marco, vedendo che il fuoco non poteva toccare Lucia, fu sopraffatto dalla rabbia e dalla disperazione.

In un ultimo atto di crudeltà, accecato dall'ira, prese una lancia e la infilzò negli occhi di Lucia, convinto che in questo modo avrebbe spezzato la sua resistenza e il suo spirito. Ma anche questo gesto non piegò Lucia. Il dolore era immenso, ma la sua fede rimase incrollabile.

La storia di Lucia si diffuse rapidamente, diventando leggenda. Venne considerata una martire e un simbolo di purezza e devozione. La gente cominciò a venerarla come santa, e le sue preghiere vennero rivolte a coloro che soffrivano di problemi agli occhi e alla vista.

Lucia divenne Santa Lucia, protettrice della vista e simbolo di speranza e fede incrollabile. La sua storia, tramandata di generazione in generazione, continua a ispirare e a ricordare il potere della fede e della purezza del cuore.

La Leggenda del pozzo di Gammazita

Nella splendida Catania, tra le strade intricate e le antiche leggende, si trova un pozzo dalle acque insolitamente rossastre, avvolto da un'aura di mistero e tristezza. Si narra che in quei luoghi, durante i tempi della dominazione francese, vivesse una giovane e bellissima ragazza di nome Gammazita.

Gammazita era nota per la sua bellezza mozzafiato e la sua dolcezza d'animo. Ogni mattina, con passo leggero e sorriso sereno, si recava al pozzo per raccogliere l'acqua necessaria alla sua famiglia. Tuttavia, il suo destino fu segnato dall'incontro con un soldato angioino, un uomo dagli occhi ardenti e dal cuore intriso di desiderio e gelosia.

Il soldato, folgorato dalla bellezza di Gammazita, iniziò a seguirla quotidianamente, tentando in ogni modo di conquistarla. Nonostante i suoi tentativi, la giovane non cedeva alle sue avance, poiché il suo cuore apparteneva già a un altro, un uomo cui era promessa in sposa. La determinazione di Gammazita a rimanere fedele al suo amore non faceva che alimentare l'ossessione del soldato.

Un giorno, mentre Gammazita si avviava verso il pozzo, il soldato, ormai consumato dalla gelosia e dalla frustrazione, decise che se non poteva avere lei, allora nessun altro l'avrebbe avuta. Col cuore colmo di rabbia, la seguì silenziosamente tra i vicoli ombrosi fino a raggiungerla presso il pozzo. Qui, in un attimo di furia cieca, la afferrò e la trascinò verso le acque scure. La ragazza lottò disperatamente, ma il soldato era più forte e, con un gesto crudele, la uccise.

Il corpo di Gammazita scivolò nelle acque del pozzo, che da quel giorno si tinsero di un rosso cupo, come se volessero conservare per sempre il ricordo del sangue innocente versato. La leggenda racconta che le acque diventarono rosse per il sacrificio della giovane, ma la scienza moderna spiega che il colore è dovuto alla presenza di rame sul fondo.

Eppure, per gli abitanti di Catania, il pozzo rimane un luogo sacro, intriso di memoria e dolore. La storia di Gammazita è un monito eterno contro la violenza e la gelosia, un racconto che riecheggia nei cuori di chiunque si avvicini a quelle acque misteriose, portando con sé una preghiera silenziosa per la giovane innocente e per l'amore che le fu strappato via troppo presto.

La Leggenda delle Teste di Moro

Nel cuore pulsante del quartiere Kalsa di Palermo, intorno all'anno 1000, sotto la dominazione araba dei Mori, una storia d'amore e gelosia si dipanava in segreto. In una maestosa abitazione, viveva una fanciulla di rara bellezza, costretta a una vita di reclusione dal padre geloso e protettivo. La giovane trovava conforto e sollievo curando con amore le piante che adornavano il suo balcone, un piccolo giardino sospeso che offriva un angolo di pace nel suo mondo limitato.

Un giorno, mentre il sole tramontava dietro le antiche mura della città, un giovane soldato Moro passò sotto il balcone. I suoi occhi incontrarono quelli della fanciulla e in un attimo il suo cuore fu trafitto da un amore improvviso e travolgente. Con parole dolci e sincere, il soldato dichiarò il suo amore per lei. Colpita dalla profondità del sentimento, la giovane si convinse che quel soldato fosse il suo destino, il grande amore che aveva tanto atteso.

La felicità che scaturì da quell'incontro fu intensa ma breve. Presto, la realtà si insidiò nel cuore della ragazza come un serpente velenoso. Venuta a sapere che il giovane Moro avrebbe presto lasciato Palermo per tornare in Oriente, dove lo attendevano moglie e figli, il suo amore si tramutò in una furiosa gelosia. Non poteva sopportare l'idea di perderlo, né tantomeno di sapere che il suo amore era condiviso con altri.

In una notte di passione segreta, quando il soldato si addormentò tra le sue braccia, la fanciulla, accecata dalla gelosia, decise di compiere un atto estremo. Con mano tremante ma risoluta, lo uccise decapitandolo. La sua testa divenne un vaso nel quale piantò del basilico, un simbolo del suo amore e del suo dolore. Ogni giorno, la fanciulla si prendeva cura di quella pianta, innaffiandola con le sue lacrime amare.

Il basilico, nutrito dall'amore disperato della giovane, crebbe rigoglioso e verde, attirando l'attenzione dei vicini. Invidiosi di tanta bellezza e rigoglio, decisero di imitare quel macabro giardino e commissionarono vasi a forma di testa, sperando di ottenere lo stesso prodigio. Così, da un tragico atto di gelosia e amore nacque una tradizione che perdura ancora oggi, un ricordo vivido di una storia intensa e dolorosa che si mescola alla storia della città di Palermo.

Questa è la leggenda che si cela dietro i celebri vasi siciliani a forma di testa, un simbolo di amore, perdita e tradizione che continua a vivere nei cuori e nelle case di chi ama questa terra antica e affascinante.

La Leggenda di Colapesce

C'era una volta, nella splendida città di Messina, un giovane di nome Nicola, figlio di un umile pescatore. La gente del porto lo conosceva con il nome di Colapesce, un appellativo che racchiudeva la sua straordinaria abilità nel nuotare e la sua profonda conoscenza dei misteriosi fondali marini. Si diceva che le acque regalassero a Nicola un legame speciale, come se il mare stesso fosse un vecchio amico, pronto a svelargli i suoi segreti.

La sua fama si diffuse oltre le onde cristalline e raggiunse le orecchie dell'imperatore Federico II, un sovrano noto per il suo amore per le sfide e le imprese straordinarie. L'imperatore, affascinato dalle storie sul giovane nuotatore, decise di metterlo alla prova. Con un gesto risoluto, convocò Nicola e gli presentò la sua prima sfida: lanciare una coppa d'oro nel profondo blu del mare.

Senza esitazione, Colapesce si tuffò, le sue braccia che si muovevano come pesci nei fondali. Le acque si chiusero dietro di lui, mentre il mondo sopra di lui si dissolse. In un battito di ciglia, Nicola riaffiorò, il sorriso sul volto e la coppa scintillante tra le mani. L'imperatore, colpito dalla sua abilità, decise di aumentare la difficoltà. Con un gesto grandioso, lanciò la sua corona nel mare, simbolo del suo potere.

Ancora una volta, il giovane eroe affondò nelle acque, e in un attimo si rialzò, trionfante, con la corona. Ma mentre riemergeva, un oscuro presagio si fece strada nel suo cuore: una delle colonne che sostenevano la terra di Sicilia era in pericolo, usurata e pronta a crollare.

Nicola, con l'animo inquieto, si rivolse all'imperatore e lo avvertì: "Se ci fosse stata una minaccia al tuo regno, non riemergerò più." Federico, colto da una nuova curiosità, decise di lanciare un ultimo oggetto, un piccolo anello d'oro, difficile da trovare nel labirinto dei fondali.

Colapesce si lanciò nell'oscurità, e l'attesa dell'imperatore si fece palpabile, ma il tempo passava e Nicola non tornava. Le onde continuavano a danzare sopra di lui, mentre nel profondo, il giovane nuotatore si rendeva conto del suo destino. Con un atto di coraggio e sacrificio, decise di rimanere negli abissi, per sostenere la Sicilia, per diventare la colonna invisibile che avrebbe protetto la sua amata terra.

E così, la leggenda di Colapesce si diffuse, un canto di eroismo, devoto alla bellezza del mare e alla sacralità della sua terra. Un giovane eroe che scelse di rimanere con il mare, divenendo parte della sua essenza, intersecando il suo destino con quello della Sicilia, in un abbraccio eterno di amore e sacrificio. La sua storia vive ancora, tra le onde e i sogni di chi scruta l'orizzonte, ricordando sempre che il vero eroismo risiede nel servizio e nell'amore verso la propria patria.

La fujitina

La "fujitina" (la fuggitina), anche se in forte calo rispetto a prima, dicevamo, era comunque ancora in uso e consisteva in un semplice atto: fuggire con l'amato o l'amata, sparire due o tre notti, quelle sufficienti per far pensare ai relativi genitori che i due innamorati erano andati via per consumare l'estremo atto fisico amoroso.

A danno fatto, i due tornavano a casa, chiedendo il perdono e il consenso delle rispettive famiglie, cercavano di "sistemare le cose" con una specie di matrimonio riparatore.

Sì, avete letto bene, quello che fu abolito negli anni ottanta dopo la vicenda di Franca Viola, in realtà il seguito della fuitina poteva essere considerata una versione riveduta e corretta del matrimonio riparatore ma queste deduzioni le lasciamo alle libere interpretazioni del lettore.

Esistevano quindi tra le opzioni dello Stato Civile: coniugato, nubile, celibe, divorziato, vedovo, anche quella del Fuggito.

Ovviamente le famiglie "per bene" non speravano nelle fuitine ma immaginavano un percorso tradizionale e classico.

Il padre che con le lacrime accompagna la propria figliola all'altare, due tonnellate di riso lanciate addosso agli sposi non appena usciti dalla chiesa, centinaia di foto fatte dal fotografo pagato a peso d'oro (spesso era un reporter grassottello quindi costava molto).

A prescindere da ogni ironia del caso, il picciotto "maritato" era considerato uno apposto! Uno in regola!

Ancora di più la picciotta maritata era considerata apposto e per bene, presto matre di famiglia proveniente da protocollo regolare, maritata e matre di famiglia.

Con l'auspicio di tutti anche casalinga, regina della casa, non bisognosa di lavorare perché a sussidiare la casa ci pensava il marito. Piccoli baronetti di sangue blu di varie graduazioni, benpensanti, laboriosi e la domenica tutti a messa.

Parolacce, quesiti, ed esclamazioni a base di minchia!

a) Un ci scassari a minchia
b) Ci sta scassannu a minchia
c) Chi minchia voi?
d) Cu minchia si?
e) Cu cu minchia sta parrannu?
f) Cu minchia ti senti?
g) Ma quantu minchia parra?
h) Stamu in chianura
i) Miiinchia!
j) Minchia cu c'è!
k) Cu minchia c'è?
l) Tu stai cuntannu minchiati
m) Cu minchia t'avà sentiri.
n) Minchia quantu parra
o) Unni minchia semu
p) Chi minchia ci chianci.
q) Attaccati a sta gran funcia di minchia.
r) Chi ci fotografi, fotografa sta minchia.

Da LA MAFIA NON ESISTE Romanzo Criminale, Trhiller, Anno 1982 (Giuseppe Pellitteri)

Chi vi scrive pone l'accento su una combinazione di comparse, attori, registi, sceneggiatori, tutti volti a smitizzare una leggenda: "La MAFIA".

Leggenda a cui era troppo spesso facile ricorrere per attribuire avvenimenti di cronaca nera.

La mafia non esiste, ma le associazioni a delinquere sì; proprio perché di associazioni complesse si parla, e la distinzione netta, spesso grossolana tra buoni e cattivi, assumeva talvolta il sapore del quasi ridicolo.

Quindi, "la mafia non esiste", poiché è silente nel suo substrato. Ma come un virus si attiva se ha i ricettori adeguati, ovvero una cultura fatta di corruzione potenziale, un humus di soggetti corrompibili, di pianificazione delinquenziale potenziale, sia in ambito civile che istituzionale, ovvero, in quest'ultimo caso, in riferimento alla sua ala deviata e potenzialmente malata; tutto questo in salsa acida composta da humus di omertà e complicità.

In poche parole, ambiguità socioculturale con interruttore On - Off. Ambiguità che affonda le sue radici in un opportunismo contestuale e momentaneo; opportunismo ben celato da sprazzi di vittimismo messi qua e là.

"addabbanna! Addabbanna a Ghiri!!
Paisà!"

Ricette tipiche siciliane

Gli Anelletti al forno alla palermitana possono essere considerati un piatto unico data la notevole varietà di ingredienti, immancabile nelle occasioni importanti e nelle gite fuori porta

- 30 min.
- 120 min.
- 150 min.

- Porzioni 6
- Difficile

Gli anelletti al forno alla palermitana sono il piatto che alberga nel cuore di quasi tutti i siciliani. Se per caso venite a Palermo e sentite un palermitano pronunciare la parola "timballo" sappiate che sta parlando di una cosa ben precisa: gli anelletti al forno alla palermitana.

Eh sì, per noi palermitani la pasta al forno deve possedere alcuni requisiti imprescindibili:

1) il solo tipo di pasta ammessa sono gli *anelletti*, così chiamata per l'evidente forma ad anello

2) forma a *timballo*, significa che terminata la cottura in forno la tortiera che la conteneva, di forma rigorosamente rotonda, deve essere rovesciata su un piatto di portata. In tal modo si mettono in evidenza le fette di melanzane fritte che erano state poste sul

fondo della tortiera, a loro volta adagiate sul pangrattato, come a volere suggellare uno scrigno che racchiudesse gelosamente il prezioso contenuto.

Gli anelletti al forno alla palermitana potrebbero essere considerati un piatto unico (ed effettivamente così dovrebbe essere) data la presenza di carboidrati e proteine; invece altro non sono che una delle tante portate di un pasto tipico preceduto da antipasti, carni, dolci etc. Ovviamente mi riferisco ai giorni di festa comandati o in occasione di scampagnate e gite fuori porta. Anche per la pasta al forno esistono ovviamente innumerevoli varianti. C'è chi usa inserire salame a pezzettini, chi la besciamella, oppure fette di provola o

Fasi

Per il ragù:

Tritate finemente la cipolla, la carota, il sedano, il prezzemolo, lo spicchio d'aglio e fate soffriggere tutto in abbondante olio.

Aggiungete il tritato che farete rosolare a fuoco vivace per qualche minuto, sgranatelo e sfumate il tutto col vino.

Aggiungete il concentrato di pomodoro, la salsa e i pisellini.

Aggiustate di sale e pepe, mettete la noce moscata, il cucchiaino di zucchero, il basilico e l'alloro.

Fate cuocere a fuoco moderato per circa 1 ora e mezza avendo cura di girare frequentemente. Dovrà risultare un composto fluido e cremoso.

per gli anelletti:

Sbucciate le melanzane a striscie alternando polpa e buccia.

Tagliatene una a tocchetti di circa 2 cm per lato e l'altra a fette dello spessore di circa 1 cm e mettetele in un colapasta con del sale grosso per eliminare l'acqua di vegetazione per almeno un'ora.

Trascorso questo tempo sciacquatele con acqua

corrente e asciugatele con un canovaccio.

In una padella versate abbondante olio di oliva e friggetele. Appena cotte adagiatele su fogli di carta assorbente.

Lessate gli anelletti in acqua bollente salata, scolatela al dente e rimettetela nel tegame.

Girate la pasta con il caciocavallo (meno un cucchiaio), aggiungete il ragù (meno una tazza) e la melanzana fritta a tocchetti.

Ungete con dell'olio EVO una teglia con la cerniera; cospargete di pangrattato e disponete sul fondo le fette di melanzana a raggiera.

Versate metà della pasta nella teglia aggiungendo un altro po' di ragù.

Tagliuzzate la tuma a tocchetti e disponetela sulla pasta.

Versate l'altra metà della pasta pressando bene e chiudete con il ragù rimasto, il cucchiaio di caciocavallo ed una manciata di pangrattato.

Mettete in forno a 200° per circa 30 minuti.

Prima di sformare il timballo lasciate riposare per qualche minuto e servite immediatamente.

Pasta con le sarde: la ricetta originale siciliana con ingredienti, dosi e il vino perfetto

La **pasta con le sarde** è un tipico piatto povero della cucina siciliana e nasce dal connubio di pochi, semplici, splendidi ingredienti: le sarde, l'uvetta, i pinoli e il finocchietto selvatico.

Basta tutto qui, di solito si completa il piatto con una semplice spolverata di briciole ripassate in olio e aglio sopra.

Ma dietro questa semplicità si nasconde un sinfonia di sapori e profumi pazzesca: dalla sapidità delle sarde si va al gusto fresco e aromatico del finocchietto, molto più intenso del finocchio domestico.

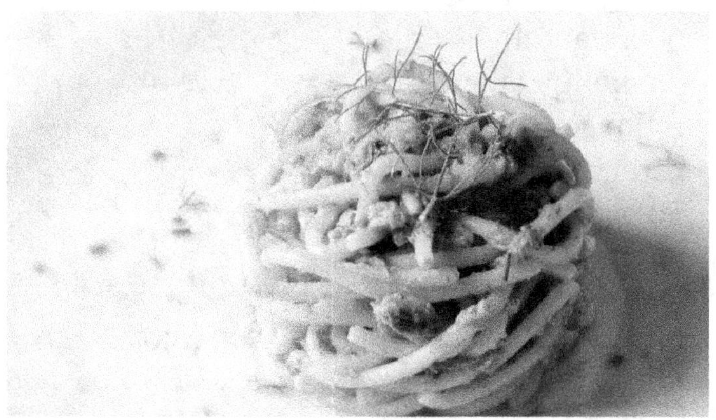

La **pasta con le sarde** è un inno alla maestria culinaria siciliana, una tradizione che mescola ricette aristocratiche rivisitate e arrangiate con ingredienti popolari, dove ogni piatto è una vera e propria opera d'arte.

La stagione del finocchietto selvatico, che in Sicilia cresce lungo i fossi e nei giardini abbandonati, è al suo apice durante Marzo, ma basta che ne prendiate qualche ciuffo, li piantate in un vaso e con poca acqua riuscirete ad avere i finocchietto tutto l'anno.

Bene, allora, volete preparare la **pasta con le sarde alla siciliana perfetta**? Ecco la ricetta originale di questo piatto magico, che risale al tempo della dominazione araba e ovviamente il vino abbinato.

Ingredienti per la pasta con le sarde

6 persone

- 500 grammi di bucatini
- 600 grammi di sarde
- 2 cipolle gialle
- 3 finocchietti selvatici
- pan grattato
- 50 grammi di pinoli
- 80 grammi di uva passa
- zafferano
- sale, pepe e olio extravergine di oliva

Come preparare la vera pasta con le sarde

Fate rinvenire l'uvetta in acqua tiepida.

Eviscerate, spinate e lavate le sarde. Togliete la testa e fatele a filetti, pezzi medio piccoli.

Mettete a bollire l'acqua in una pentola. Pulite i finocchi selvatici, tagliate il cuore a piccoli spicchi e metteteli a bollire per non più di 5-6 minuti. Tenete da parte l'acqua, dove cuocerete anche la pasta.

Cuocete le sarde alla griglia o in padella, poi conditele e tenete da parte.

Tagliate la cipolla finemente e in una padella capiente fatela stufare in olio di oliva per 5 minuti, aggiungete i pinoli, l'uvetta, lo zafferano e i finocchietti, condite con pepe e lasciate andare a fuoco dolce per 10 minuti. Se il sugo si asciuga troppo, allungatelo con un po' di acqua di cottura.

Aggiungete le sarde e spegnete.

Cuocete i bucatini nella stessa acqua dove avete cotto i finocchi.

In una padella mettete due cucchiai di olio e rosolate il pan grattato finché non diventa bello dorato.

Anche senza pane i bucatini sono sempre eccezionali! Scolate la pasta al dente e conditela con il sugo di sarde, cospargete con il pan grattato e servite subito in tavola.

Suggerimenti per la pasta con le sarde perfetta

Per aggiungere un tocco fresco grattugiate un po' di buccia di limone sulla pasta.

Al posto dei classici bucatini, provate i bigoli freschi, gli ziti o anche i pici e noterete che questo splendido condimento riesce ad esaltare ogni tipo di pasta lunga.

* * * * * * * *

I "Purciddati" Siciliani, dolce tipico Natalizio

"Purciddrati" Siciliani o "Mastrazzola", sono un dolce tipico Siciliano semplice e genuino ripieno di fichi secchi che viene solitamente preparato nel periodo natalizio. Originariamente l'impasto era lo stesso di quello utilizzato per fare il pane, ma con il passare del tempo si sono aggiunte delle varianti, utilizzando anche l'impasto per i dolci con una spolverata di zucchero a velo. Il video che abbiamo realizzato nelle campagne di Raffadali, mostra la preparazione dei "purciddrati" tradizionali, insomma, alla vecchia maniera.

Andiamo alla preparazione:

- raccogliere dei fichi e metterli ad essiccare;
- sminuzzarli e cuocerli con zucchero, acqua e cannella;
- fare raffreddare il composto;
- preparare l'impasto di farina, acqua e lievito;
- fare riposare l'impasto per la lievitazione;

- portare il forno a C°220 circa;
- realizzare i mastrazzola come nel video e riporli a riposare sul "letto" per circa un'ora;
- spennellare i "mastrazzola" o "purciddrati" con uovo "giuggiulena" (sesamo);
- infornare il tutto per circa 15 minuti;

DOLCI TIPICI CATANESI - AGATINI

I festeggiamenti in onore di **Sant'Agata** non coinvolgono solo emotivamente i fedeli e tutti coloro che partecipano all'evento religioso, ma ricordiamoci che la festa rapisce tutti i sensi, anche il gusto!

Sono infatti molti i dolcetti tipici che si preparano per i giorni che precedono e che seguono il periodo agatino, legati alla storia e alle leggende nate intorno alla figura della Santa Patrona di Catania.

Come vi spiegavo nell'articolo dedicato al tradizionale rito, parlando della storia di Agata e delle torture inflitte ai suoi seni, esistono dei dolci chiamati in gergo

"minne o minnuzze di Sant'Aita" (mammelle di Sant'Agata).

I "minnuzzi" sono delle **cassatelle** di forma tondeggiante fatte con pan di spagna imbevuto di rosolio e farciti con ricotta, gocce di cioccolato e canditi, mentre all'esterno sono ricoperti di glassa bianca e rifiniti con una ciliegia candita in cima.

Probabilmente il dolce, denominato nel resto dell'isola **"Minni di Vergini "**(seni di vergine), discende da un'antichissima tradizione legata a culti femminili preesistenti.

Collegate ad una delle tante leggende fiorite intorno alla figura della Martire sono le **"Olivette di sant'Agata"**, dolci di pasta di mandorla, di forma caratteristica e colore verde, ricoperte di zucchero.

Secondo la tradizione, infatti, Agata, inseguita dagli uomini del proconsole Quinziano, si sarebbe fermata a riposare un istante e mentre si chinava per allacciare un calzare, sarebbe improvvisamente comparso un ulivo, all'ombra del quale la giovane poté ripararsi e cibarsi dei suoi frutti.

Esistono anche delle varianti dove le tradizionali olivette sono ricoperte di **cioccolato** e/o realizzate con crema di **pistacchio**. Io preferirei quest'ultima variante.

Durante i giorni della festa si potranno inoltre gustare molte altre specialità dolciarie tipiche, come la **frutta martorana** (realizzata con pasta di mandorle e zucchero), che riproduce fedelmente forme e colori dei prodotti tipici della Sicilia; la Cassata Siciliana a base di ricotta, guarnita da una glassa bianca e frutta candita, e, ancora, il **torrone,** realizzato con ingredienti semplici, mandorle e zucchero, sapientemente lavorati dalle mani degli abili pasticcieri catanesi.

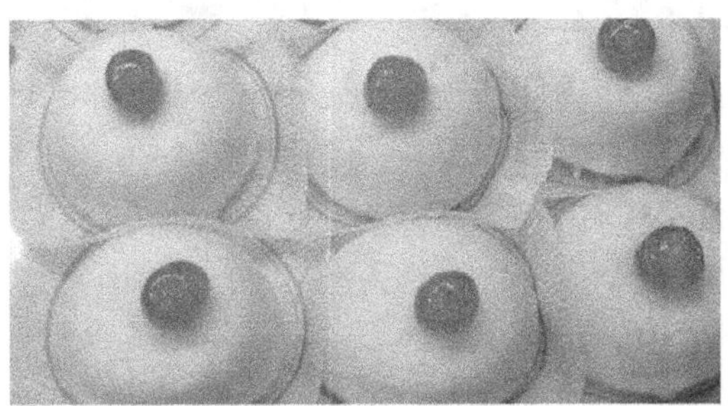

INSALATA DI POLPO SICILIANA

Insalata di polpo siciliana un piatto fresco e gustoso che potete preparare in queste giornata di caldo. Ottimo come piatto unico, come antipasto o come contorno a voi la scelta. La ricetta è facilissima vi basterà cuocere il polpo per circa 30 minuti e poi aggiungere a freddo gli altri ingredienti. Naturalmente tutto deve essere freschissimo e di buona qualità. Le quantità sono molto approssimative perché vanno a gusto se volete aggiungere più pomodoro o olive oppure arricchire con patate bollite o aggiungere dei capperi di Pantelleria. Io l'ho preparato così in maniera molto semplice. Se volete prepararlo anche voi seguite passo passo la ricetta e se avete bisogno chiedetemi pure.

Ingredienti:

- **1 polpo di circa 1 kg**
- **200 g circa pomodorini pachino**
- **q.b. prezzemolo fresco**
- **100 g circa di olive verdi**
- **q.b. olio evo**
- **q.b. sale**

Tempo di preparazione: 40 minuti circa

Procedimento

Per prima cosa pulite bene il polpo. Mettetelo a cuocere nell'acqua bollente per circa 30 minuti. Spegnete e lasciatelo riposare per circa 10 minuti. Fatelo raffreddare poi tagliatelo a pezzetti.

Trasferitelo in una ciotola.

Aggiungete i pomodorini tagliati a pezzetti, le olive, il prezzemolo tritato. Condite con olio e sale.

Piatti tipici di Enna

Bucatini coi broccoli

Lessate e schiacciate un cavolfiore, imbrunite i pinoli, aggiungete olio, cipolla e acciughe; aggiungete dell'acqua e il concentrato di pomodoro. Inserite il cavolfiore, salate, pepate e cuocete finchè il composto non restituisce l'olio. Scolate la pasta e conditela con il composto.

Cannoli siciliani

Inizialmente erano dolci fritti tradizionali, consumati a Carnevale, ma dopo tanto successo, sono diventati il dolce siciliano più diffuso e apprezzato al mondo. Sono formati da un involucro di pasta fritta e croccante, farcito con crema di ricotta di pecora, gocce di cioccolato e cubetti di zucca candita; vengono guarniti lateralmente con ciliegine candite, delle scorze d'arancia o pistacchi tritati.

Caponata di melanzane

E' un insieme di ortaggi fritti, conditi con sugo di pomodoro, sedano, cipolla, olive e capperi, in salsa agrodolce. Il suo deriva dal capone o lampuga, pesce dalla carne pregiata e asciutta, condita con la salsa agrodolce, il popolo sostituì il pesce con le economiche melanzane.

Cotoletta all'aceto

E' un'antica ricetta gustosa, riservata ai giorni di festa: le fettine di carne vanno ammollate, per 10' in aceto e infarinate. Sbattete uovo e sale, mescolate pangrattato e parmigiano: passate le fettine infarinate nell'uovo, nel pangrattato, impanandole; friggetele, asciugatele su carta da cucina e servite.

Cous cous dolce

Ammollare la semola di couscous con zucchero e burro fuso, aggiungere latte caldo e riposare coperto. Sciogliere il burro, aggiungere frutti di bosco e zucchero a velo: cuocere per 3' mescolando. Sgranare il couscous reidratato e impattare, decorando con i frutti di bosco con la loro salsa.

Fagioli alla menta

Bollire fagioli, sedano e aglio: lessarli al dente, scolarli, versarli in una insalatiera; condirli con olio, aceto, sale, pepe e menta fresca. Lasciar riposare per 1 ora, coprendo l'insalatiera in un luogo fresco. Servire a tavola.

Mostaccioli

Sono dolci tipici campani e prendono il nome da uno degli ingredienti che si utilizzava per prepararli: il mosto. Ne esistono in due principali varianti: semplici o ripieni di marmellata, sono essere ricoperti di cioccolato fondente, al latte o bianco. A seconda della regione e anche delle zone della Campania, nella ricetta si trovano modifiche e personalizzazioni.

Pasta di mandorle

E' composta da zucchero, acqua e mandorle siciliane; da quelle parti i pasticceri siciliani creano questa pasta con tre semplici ingredienti: come usare la Pasta di Mandorle? Decorando torte, cassate, frutta martorana e tipici biscottini da the.

Polpette di ricotta

Amalgamare ricotta, uovo, formaggio e pane grattugiato, prezzemolo tritato e sale; formare delle palline di medie dimensioni. Cuocete le polpettine nella passata di pomodoro, olio e acqua, cuocere fin quando saranno divenute gonfie e morbide e finché il sugo non sarà denso: servire calde.

Risotto al prezzemolo

Lessare il riso, scolarlo e buttarlo in una casseruola; imbiondirlo con aglio e olio. Fatelo saltare aggiungendo del prezzemolo tritato. Servire ben caldo.

Risotto alla marinara

Fate aprire le vongole e le cozze a fuoco lento e sgusciatele; scottate i gamberi, sgusciateli e conservate il brodo. Tritate cipolla, sedano e carota; soffriggerli, aggiungete i calamari, i gamberi e i molluschi: sfumate con vino, aggiungete salsa di pomodoro, mescolate aggiungendo il brodo dei molluschi e dei gamberi. Cuocere il riso con il brodo del pesce, aggiungete prezzemolo tritato, caciocavallo grattugiato, riposare e servire.

Sfinci di San Giuseppe

Sono gustose e morbide frittelle palermitane, coperte di crema di ricotta, gocce di cioccolato, pistacchi tritati, ciliegie e scorze d'arancia candite, sono morbide e areose, vengono preparate con una una frittura lunga e dolce, dove l'impasto si gonfierà, divenendo soffice e alveolato al suo interno.

Stoccafisso alla messinese

Pulire e tagliare lo stoccafisso, soffriggere cipolla e aglio, aggiungere lo stoccafisso e sfumare con il vino. Aggiungere pomodoro tritato e acqua, condire con sale ed una buona macinata di pepe. Bollire coperto per 60' aggiungere patate, olive, capperi, pinoli e uvetta. Ridurre la salsa e servire.

Sugo freddo al formaggio

Unire la mozzarella tritata con sale, pepe, passata di pomodori maturi, olio d'oliva e qualche foglia di basilico: condire o servire.

Zucca in agrodolce

Pulite la zucca rossa, tagliatela a fettine e friggetele in olio d'oliva: quando le fettine di zucca saranno dorate da un lato e dall'altro riponetele su un piatto e salate. Soffriggere delle fettine d'aglio, versate l'aceto bianco e lo zucchero, evaporare l'aceto e disponete la zucca nella padella affinché si insaporisca. Impattate la zucca versandoci sopra un trito di menta: lasciate insaporire e servire rigorosamente fredda.

Marmellata di Cedri

Ingredienti
2 Kg di cedri
1,250 Kg di zucchero semolato

Preparazione:

Pelate i cedri e - aiutandovi con i pollici -, separate l'albedo (la parte bianca che si trova tra la buccia e l'endocarpo) dagli spicchi. Immergetela in acqua bollente e fate cuocere per un quarto d'ora circa. Tagliate gli spicchi alla grossa (eliminando scrupolosamente i semi) e metteteli in un tegame di acciaio inox triplo fondo.

Aggiungete l'albedo sgocciolata e tagliata a dadini; poi, lo zucchero semolato.

Mescolando i componenti in modo continuo, cuocete per 1 h e 15 m dal momento in cui avete messo il tegame sul fuoco.

Utilizzando un forchettone di acciaio andate schiacciando l'albedo contro le pareti interne del tegame. Disponete sul tavolo i barattoli di vetro, perfettamente asciutti.

Dopo la prima ora, smorzate la fiamma e completate la cottura. Spento il fuoco, disponete sul tegame un telo di lino per evitare il deposito di spore.

Invasate la marmellata tiepida, coprendo ancora con il telo. Quando il composto si sarà raffreddato del tutto, chiudete i barattoli. Per una lunga conservazione, i vasi andranno sterilizzati.

Marmellata di arance

Kg. 2,000 di arance
1,100 Kg di zucchero semolato classico

Preparazione:

Lavate le arance, sbucciatele con cura, sbollentate due o tre volte in sequenza tre scorze intere che ridurrete in listarelle sottili su un tagliere.
In un tegame inox triplo fondo, disponete nell'ordine: la frutta tagliata a pezzetti, le listarelle, poi lo zucchero semolato. Mescolando di tanto in tanto con un cucchiaio di legno a braccio lungo, portate ad ebollizione (non aggiungere acqua!), evitando che si formi della schiuma.

Dopo quaranta minuti, smorzate un po' la fiamma e - mescolando in continuità - continuate la cottura per altri trentacinque minuti. Per un fornello alimentato a metano il tempo medio di cottura è di 75 minuti da quando avete disposto il tegame sul fornello; cinque sei minuti in più per una fiamma a GPL.

A cottura ultimata, ricoprite il tegame con un telo di lino, per evitare il deposito di spore fungine. Versate la marmellata ancora tiepida in barattoli di vetro riscaldati, coprite con dischetti di carta pergamenata imbevuta di brandy o grappa.

I vasi (i migliori in commercio, quelli del tipo quattro stagioni) vanno chiusi e conservati in un luogo asciutto e fresco, preferibilmente al buio.
Per una lunga conservazione è consigliabile sterilizzare i vasetti: tempo dall'ebollizione, dodici minuti.

Pasta di mandorle

La pasta di mandorle, o pasta reale, è una tipica preparazione siciliana dove le mandorle sono un prodotto tipico del territorio. La pasta di mandorle è un ingrediente base della pasticceria che serve per preparare tantissimi tipi di dolci, come le paste di mandorle, crostate deliziose oppure potete divertirvi e creare dei deliziosi pasticcini decorandoli con granella di pistacchi o di mandorle stesse. Insomma una di quelle ricette che tornano utili in diverse occasioni in cucina.

Come preparare la pasta di mandorle

Riempite una pentola d'acqua e portatela a bollore. Prendete le mandorle (1) e sbollentatele per circa 3 o 4 minuti (2). Scolate le mandorle e asciugatele velocemente con la carta da cucina. Private le mandorle della loro pelle (3) pizzicando la buccia con le dita, in questo modo scivoleranno via facilmente.

Mettete le mandorle nel tritatutto (4). Azionate il tritatutto e riducete le mandorle in farina finissima. In una padella antiaderente versate lo zucchero. Unite l'acqua (5) allo zucchero nella pentola. Accendete il fuoco e lasciate andare fino a che lo zucchero non si sarà sciolto completamente. Unite il cucchiaio di miele e di estratto di vaniglia. Aggiungete la farina di mandorle (6) e mescolate per bene.

Spegnete il fuoco e versate il composto ottenuto su una superficie larga in modo che si raffreddi velocemente (7). Versate il composto ottenuto sulla pellicola alimentare (8) e arrotolatelo come se fosse una caramella. Sigillate i bordi e mettete in frigorifero per circa tre ore (9).

Come utilizzare la pasta di mandorle

Paste di mandorle

Le paste di mandorle sono deliziosi dolcetti della dimensione perfetta per togliere la voglia di mandorle. Seguite la preparazione della pasta di mandorle originale, quindi pelate le mandorle e tritatele nel mixer, aggiungete lo zucchero e 30 grammi di albume. Amalgamate bene gli ingredienti e poi mettete il composto ottenuto in un sac à poche. Su una teglia da forno create quindi dei piccoli dischetti di impasto di mandorle e decorateli con ciliegie candite. Lasciateli riposare in frigorifero per circa tre ore e poi infornate per 10 minuti circa a 180°.

Crostata con pasta di mandorle

La pasta di mandorle si presta benissimo alla preparazione di golose crostate. Preparate la pasta frolla seguendo la ricetta classica. Stendete la frolla e mettetela in una tortiera precedentemente imburrata e infarinata, in questo modo sarà più facile staccarla dopo la cottura. Al centro del guscio di frolla posizionate un disco di pasta di mandorle dello spessore di circa 3 mm. Coprite la pasta reale con una marmellata di ciliegie e decorate con lamelle di mandorle per richiamare il gusto al suo interno. Infornate a 180° per circa 30 minuti, fino a doratura.

Come conservare la pasta di mandorle

Essendo un ingrediente base la pasta di mandorle non si può sempre preparare ma averne una scorta in casa può aiutare. Preparate quindi una buona quantità di impasto e porzionatelo in panetti di circa 200 grammi. Mettete i panetti pronti in sacchetti alimentari con la chiusura ermetica e cercate di far fuoriuscire più aria possibile. Mettete i sacchetti in freezer e scongelate a temperatura ambiente all'occorrenza.

Dolci tipici   BUCCELLATI

Cannolo siciliano

Pupu cu l'ovu

Milinciani Ammuttunati

Basta pochissimo per realizzare le melanzane 'mbuttunate e gustarsi un ottimo secondo per vegetariani. Ispirate dalla tradizione siciliana sono una gustosissima pietanza da condividere per un pranzo per tutta famiglia. Melanzana violetta, salsa di pomodoro, aromi e formaggio sono le sfiziosità sia calde sia tiepide.

Busiate alla Trapanese

Siamo in Sicilia, a Trapani. La terra sicula accoglie generosa mostrando con orgoglio la sua bellezza: sole, mare, arte e buon cibo. Profumo di salsedine mentre siamo al porto per scrutare l'orizzonte il profilo delle Egadi, calore sulla pelle girando tra le chiese barocche nel centro storico. È primavera ma potrebbe essere estate, secondo i parametri dello straniero. La temperatura è già alta ma l'appetito non accenna a diminuire, soprattutto se si è consapevoli di trovarsi in un luogo mistico, terra di passaggio e di conquista: prima i Fenici, poi i Romani, gli Arabi, infine gli Aragonesi e gli Angioini che hanno lasciato un segno importante non solo nell'architettura, nell'arte, nella lingua ma anche nella cucina di questa cittadina della costa occidentale siciliana. Tra i piatti più celebri della gastronomia trapanese troviamo il cous cous di pesce e verdure, figlio dei tempi della dominazione araba, ma anche prodotti Presidio Slow Food come l'aglio rosso di Nubia, il sale marino di Trapani, il pane nero di Castelvetrano, fino ad arrivare alla pietanza tipica che qui trova i suoi natali: le busiate con il pesto alla trapanese. Un'accoppiata vincente. Le busiate (o busiati) sono un formato di pasta a base di farina di semola di grano duro a forma di sottili cilindretti di pasta attorcigliati su se stessi, una sorta di maccheroni. Preparati artigianalmente con i "busi" ovvero ferri da maglia usati per lavorare i tessuti, sono perfetti per accogliere sughi e salse come il pesto.

I *busiati cu l'agghia*, hanno origini antichissime, risalgono ai tempi in cui le navi genovesi sulla rotta dell'estremo oriente attraccavano nel porto di Trapani, portando con sé le ricette gastronomiche della propria terra. Queste furono subito d'ispirazione per tutti i marinai siciliani, che decisero di rielaborare il pesto ligure – in particolare ancor prima, l'agliata ligure a base di aglio e noci – aggiungendo ingredienti locali, come le mandorle e i pomodori freschi. È tempo di sedersi a tavola e di ordinare un bel piatto di busiate.

Oppure di preparalo a casa: è semplice.

È esistito davvero Don Vito Corleone?

Vito Adolini, vero nome del boss, è un personaggio di finzione, non è mai esistito in realtà. La storia di Don Vito Corleone e la sua biografia sono ispirate a persone realmente esistite, a boss facenti parte di clan e cosche attivi negli anni '30 e '40 come Carlo Gambino, Lucky Luciano, Frank Costello e Bugsy Siegel.

L'intera trilogia racconta la vita di Don Vito Corleone e di suo figlio Michael: nella prima parte il boss è anziano, ed è in lotta con le altre Famiglie di New York per mantenere intatto il suo potere. Sarà Micheal a prendere in mano le redini della Famiglia dopo il tentato omicidio ai danni di suo padre.

Nella seconda parte si fa un tuffo indietro nel tempo: ne Il Padrino 2 Robert De Niro interpreta il boss quando era giovanissimo. La trama racconta l'intera biografia di Vito Corleone, da quando era bambino fino a quando fondò il suo clan. Nella terza parte sarà Micheal (interpretato da Al Pacino) a prendere definitivamente il posto del padre, nella New York degli anni '80.

Ecco una selezione di frasi famose del Padrino, citazioni di Vito Corleone tratte dai dialoghi più belli del film sulla mafia.

Gli farò un'offerta che non potrà rifiutare. Don Vito Corleone.

Perché un uomo che sta troppo poco con la famiglia non sarà mai un vero uomo. Don Vito C.

Tieniti stretti i tuoi amici..e i tuoi nemici..ancora più stretti. Micheal Corleone.ù

La politica e i criminali sono la stessa cosa. Micheal C.

Immagini su chi era Vito Corleone

Mandagli un messaggio. Io voglio Sallozzo se no è guerra e andiamo sui materassi. Sonny C.

Allora dissi a mia moglie: per la giustizia dobbiamo andare da Don Corleone. Amerigo Bonasera.

Fredo, sei il fratello maggiore e io ti voglio bene. Ma non ti azzardare mai più a schierarti contro la famiglia, è chiaro? Mai più. Micheal C.

Ma chi era Salvatore Giuliano?

E chi erano i suoi banditi?

Quando Salvatore Giuliano divenne un bandito aveva appena 21 anni. Prima di uccidere un carabiniere, lasciandogli maldestramente in mano la sua carta d'identità, era solo un piccolo borsaro nero che trasportava sacchi di frumento sulla groppa di un cavallo nella Sicilia che a fatica stava uscendo dalla guerra.

Era il 2 settembre 1943 e senza rendersene conto Giuliano rispose, con quel colpo di pistola sparato a bruciapelo, all'istinto che lo avrebbe condotto a rinverdire il mito del banditismo nell'isola. Un mito vecchio di secoli.

Una realtà fatta di violenza e di sopraffazione che, combattuta ferocemente dai Borboni prima e dai Savoia dopo l'unità d'Italia, diminuì notevolmente d'intensità durante il fascismo, per scomparire solo con l'avvento della mafia moderna.

Salvatore Giuliano nasce a Montelepre, in provincia di Palermo, il 22 novembre 1922, da una famiglia di modesti contadini che cresce il ragazzo educandolo ai valori della fede e del lavoro.

Ed è proprio quando è alle prese con le dure fatiche quotidiane che, mentre trasporta due sacchi di frumento acquistati di contrabbando, nel torrido pomeriggio del 2 settembre 1943, che viene bloccato da una pattuglia di carabinieri; Turiddu, come lo chiamano in casa, abbandona frumento e cavallo e si dà alla fuga. Ferito da due dei molti colpi di fucile che i gendarmi gli sparano, egli estrae la pistola che prudenzialmente porta con sé per difendersi da eventuali incontri con i briganti e fa fuoco uccidendo accidentalmente uno degli inseguitori. Riesce a trascinarsi in un bosco facendo perdere le proprie tracce, ma da quel momento la sua vita è segnata.

Soccorso da alcuni contadini e poi dai suoi familiari, trascorre circa un mese in condizioni di salute molto instabili, nascosto in una casa abbandonata, a Palermo, ed assistito da un medico, il prof. Purpura, uomo onesto e di idee fortemente separatiste che va spesso a visitarlo.

Nel corso dei loro incontri il professore informa Salvatore della fine della guerra, ma lo istruisce altresì sulla storia e sui patimenti del popolo siciliano convincendolo della bontà del progetto indipendentista "Sicilia-Nazione".

Rimessosi in salute il ragazzo fa ritorno nella casa di Montelepre, rimanendo sempre guardingo e pronto alla fuga nel caso di arrivo dei gendarmi. E infatti, nella notte del 23 dicembre 1943, a Montelepre piombano 800 carabinieri per catturarlo. Ne fa le spese suo padre che, uscito di casa per verificare la presenza dei militi, viene da questi bloccato e crudelmente malmenato. Salvatore riesce a fuggire, dopo aver ucciso un carabiniere e feriti altri due.

Si rifugia in una grotta, e inizia così la sua vita di latitante nei boschi. Raccoglie intorno a sé altri ricercati formando una banda e riuscendo presto, associando a delitti e rapine una grande generosità verso i poveri, a costruire intorno al suo nome un alone di leggenda.

Col cinismo che oramai lo contraddistingue, pone al servizio della politica la sua forza e la sua popolarità. Nel 1945 è nominato colonnello dell'esercito separatista, ma ben presto abbandona il movimento (MIS-EVIS, Movimento Indipendentista Siciliano - Esercito Volontario per l'Indipendenza della Sicilia) e sostiene prima i Monarchici e poi la Democrazia Cristiana.

La Coppola Siciliana

Il nostro celebre copricapo con visiera, la coppola, si presenta in diverse fogge e materiali, riflettendo la ricchezza della nostra tradizione. L'origine di questo berretto è incerta e si basa su due principali teorie.

La prima teoria suggerisce che la coppola sia stata introdotta in Sicilia tra la fine del XIX secolo e la prima metà del XX secolo, quando alcune famiglie inglesi, attratte dalle opportunità di investimento, si stabilirono sull'isola. Secondo questa versione, gli inglesi portarono con sé abiti e accessori, tra cui il "flat cap" di lana, un berretto piatto molto simile alla coppola. I siciliani, apprezzando lo stile di questo copricapo, lo adottarono per spirito di emulazione, facendolo proprio e trasformandolo in un simbolo distintivo della cultura siciliana. Non si trattava solo di un accessorio di moda importato, ma di un emblema di appartenenza e di tradizione.

La seconda teoria sostiene, invece, che la coppola sia un capo d'abbigliamento autoctono, nato e sviluppato direttamente in Sicilia. Entrambe le teorie sono supportate da documenti storici, che confermano la veridicità delle loro affermazioni.

È interessante notare che, nei tempi antichi, il termine "coppola" era un sinonimo generico di berretto e non indicava un tipo specifico di copricapo come accade oggi.Un altro aspetto da sottolineare è la distinzione tra le classi sociali nel loro uso dei copricapi: mentre il ceto popolare adottava la coppola, l'aristocrazia si distingueva indossando cappelli, tanto che i nobili venivano soprannominati "cappieddi". L'uso del cappello era infatti un segno distintivo dei signori, che si differenziavano così dal popolo.

L'uso della coppola rappresentò fin dall'inizio un segno distintivo scelto volontariamente dal popolo, un simbolo di affermazione sociale e di identità culturale. Successivamente, la coppola entrò nell'iconografia siciliana, diventandone uno degli emblemi più riconoscibili. Tuttavia, come accade a molte cose belle, anche la coppola subì un'ingiusta contaminazione, che ne infangò il significato originario di dignità ed eleganza. In tempi antichi, non era l'uso della coppola a contraddistinguere il mafioso, ma piuttosto il modo spavaldo e inclinato con cui veniva indossata, da cui deriva l'appellativo "coppole storte" per indicare i mafiosi. Questa particolare modalità di portare la coppola identificava coloro che, con atteggiamento arrogante, si mettevano al servizio dei padrini mafiosi. Così, la coppola iniziò ad assumere una connotazione negativa, diventando quasi un capo disprezzato e stigmatizzato, tanto da essere quasi bandito dalla società.

Fortunatamente, una nuova rivoluzione culturale, radicata nella storia, nella bellezza, e nelle tradizioni siciliane, è riuscita a restituire dignità, vita e colore alla coppola. La cultura e il rispetto delle radici hanno permesso a questo simbolo di risorgere, sfidando la cattiva fama che lo aveva circondato per lungo tempo. Ricordiamo che tra il Seicento e l'Ottocento, viaggiatori e studiosi colti giungevano in Sicilia, esplorando con ammirazione e meraviglia questo angolo di paradiso. I loro racconti descrivono la Sicilia come una terra dai colori brillanti, profumi inebrianti, sapori ammalianti e un clima accogliente. Purtroppo, i primi a sommergere questa immagine positiva sotto un mare di stereotipi negativi furono gli stessi siciliani, caratterizzati da un pessimismo radicato nella loro cultura: "calati junco chi passa la china" – un'espressione che incarna la rassegnazione di fronte alle difficoltà. Potremmo citare poeti e scrittori che hanno narrato la miseria e le sconfitte, oppure parlare di mafia, corruzione e discriminazione tra Nord e Sud. Tuttavia, la Sicilia è molto di più di questi aspetti. La Sicilia è soprattutto il resto: la bellezza, la cultura, e la tradizione che resistono nel tempo. Oggi, grazie all'adozione della coppola da parte di vari marchi di moda, questo emblema della Sicilia è riuscito a liberarsi del pesante fardello della cattiva reputazione, tornando a essere un simbolo di orgoglio e di appartenenza.

Sicilian Proverbs
GIUSEPPE PELLITTERI
IDDU CHISTU E CHIDDU PROVERBI SICILIANI

Franco Franci e Ciccio Ingrassia

Non tutti sanno che a loro è stata intestata una piazzetta alle spalle del Teatro Biondo di Palermo, Piazzetta Franci e Ingrassia.

Franco Franchi (nome vero Francesco Benenato) nacque il 18 settembre del 1928 a Palermo. Quarto di 13 figli e di famiglia molto povera, è costretto a lasciare la scuola per andare a lavorare, abbandonando gli studi alla 3^ elementare. Suo padre faceva il muratore e sua madre lavorava alla manifattura tabacchi. I pranzi erano magri: solitamente il cibo che la famiglia Franchi poteva permettersi erano le crocchette di patate e le melanzane fritte. Qualche volta cucinavano anche pasta condita solo con il sale o, di rado con i fagioli. Fin da giovane (a soli 11 anni), Franco è costretto a fare un po' di tutto per sbarcare il lunario: realizzava calchi e icone sacre sui marciapiedi, fece il garzone in una pasticceria, il facchino abusivo alla stazione di Palermo e fu anche il borseggiatore, nei periodi più "neri", nei mercatini rionali, di commercianti e clienti.

Il richiamo dello spettacolo è molto forte e così decise di addentrarsi nel mondo dello spettacolo: iniziò a girare per le case e per i quartieri di Palermo suonando la grancassa e con un berretto raccoglieva il denaro di chi voleva aiutarlo. Durante i suoi numeretti, Franco inventava gag, capriole, macchiette e parodie di ogni genere pur di far ridere. Una svolta arrivò quando venne osservato da Salvatore Polara, un musicista napoletano capo di un gruppo di girovaghi, detti striscianti. Gli striscianti erano artisti piuttosto apprezzati dal pubblico ma decisamente snobbati dagli artisti di palcoscenico, che li consideravano alla stregua di accattoni. Il repertorio degli striscianti era basato soprattutto dalle nenie, ovvero delle cantilene dissacratorie e divertenti spesso accompagnate dalla musica.

Unitosi a questa compagnia, anche se le difficoltà per lui non finiranno mai, Franco comincerà a vivere una situazione decisamente migliore: ora, a 17 anni, è autonomo, con una discreta esperienza alle spalle e una discreta inventiva. Inizialmente aveva il compito di richiamare l'attenzione aiutato da una grancassa e di raccogliere i soldi con il berretto. Polara era l'unico sostentamento del giovane Franchi, visto che suo padre era emigrato in cerca di fortuna. Inizialmente riceveva solo dei pasti che venivano proporzionalmente razionati dal capocomico all'intera compagnia, in seguito iniziò a percepire il suo primo stipendio da artista: sei lire a settimana. Alla fine della guerra la compagnia si esibiva anche nei piccoli paesi di provincia e a Franco si presenta l'occasione di creare una nuova maschera divenendo così un posteggiatore: col nome d'arte di Ciccio Ferraù, riesce a costruire a poco a poco il personaggio che si porterà sempre dietro, ovvero un guitto energico, vitale, con una maschera facciale incredibile, capace di smorfie ed espressioni originali (lui stesso racconta che riusciva a far toccare il mento col naso, era un istrionico clown assolutamente imprevedibile).

Col tempo studia e realizza delle ottime imitazioni: Totò, Mussolini, Hitler Le mille facce di Franco Franchi: fa il verso a Jerry Lewis, in basso ad Adolf Hitler (di quest'ultimo, suo cavallo di battaglia che spesso userà nei suoi film, offriva un'esilarante macchietta enunciando con foga discorsi in tedesco maccheronico). La gente impazziva per quelle macchiette, per vedere Ciccio Ferraù erano anche disposti a pagare di più! La sua popolarità crescerà al punto che alcuni artisti (fra i quali lo stesso Ciccio) decideranno di riproporre alcune parti dei suoi numeri in teatro.

A 20 anni Franco lavorava a tempo pieno: oltre al girovago faceva anche l'animatore a matrimoni e battesimi (una buona fonte di guadagni), ed era entrato a far parte di un piccolo circo, il circo Curatola, in cui faceva di tutto, dall'inserviente all'acrobata, dal clown all'attore. Di solito in un giorno gli capitava di fare 3-4 spettacoli. Tuttavia questo periodo felice era destinato a tramontare. Franco convinse Polara della necessità di conquistare nuove piazze: Bagheria, Termoli, Messina. Ciò avvenne però la stanchezza e le poco allettanti prospettive (i membri della compagnia aumentavano sempre più causando diversi disagi) indussero Franco a mollare tutto.

Per sopravvivere fu costretto nuovamente a darsi al furto per tirare avanti. Anche in queste occasioni però Franco sfruttava già il suo estro e le sue doti da attore: infatti mentre simulava un malumore distraeva il soccorritore approfittandone per sfilargli di tasca il portafoglio. Qualche volta gli andò anche male, visto che finì in carcere per aver borseggiato. All'età di 22 anni riprese a lavorare con i posteggiatori con cui sbarcherà in diverse piazze del nord. Nello stesso anno, a Bologna, prestò il servizio militare.

GLI INIZI DI CICCIO

Francesco Ingrassia, nacque anche lui a Palermo il 5 ottobre 1922 (molte fonti citano erroneamente il 1923 ma, come ha più volte dichiarato il figlio Giampiero in diverse interviste, si tratta di un errore "storico" fatto da alcuni giornalisti che il padre non volle correggere per apparire più giovane di un anno). Dopo aver ottenuto la licenza elementare, più per raccomandazioni che per effettive conoscenze (lui stesso rivela che solitamente marinava la scuola oppure andava in giro a fare commissioni per conto del professore, che per sua fortuna era lo stesso che presiedeva la commissione esaminatrice, e così era giunto in quinta elementare senza conoscere il programma scolastico). Nel 1936 si iscrive al primo ginnasio dell'Istituto "De Cosme" pur cosciente di non aver alcuna speranza di terminare gli studi. Il suo unico scopo era quello di avere la divisa nuova della scuola (un vestito nuovo all'epoca era molto ambito) e, una volta ottenuta, lasciò gli studi dopo appena due mesi per dedicarsi al lavoro ed ottenere il denaro che sarebbe servito alla sua famiglia.

Quarto di 5 figli, già all'età di 12 anni deve fare da aiutante alla maggior parte dei negozianti del rione (calzolaio, barbiere, salumiere, falegname, ecc....). A 16 anni trova lavoro come tagliatore modellista di calzature e, risparmiati alcuni soldi, inizia a dedicarsi a una passione che da un po' cresceva in lui, l'avanspettacolo. Assisteva a tutti gli spettacoli di avanspettacolo che arrivavano nei cinema e nei teatri minori di Palermo (l'Orfeo, il Panormus, il Maqueda) dove poteva entrare gratis come "claquer". Il giovane Ciccio all'inizio della carriera (1946) Il suo grande idolo era Totò, dal quale ha tratto spunto per una delle sue prime gag: nel '37 Totò si stava esibendo in "Agata", un classico dei numeri di varietà, e una battuta era "Agata, guarda, stupisci!", al che uno spettatore incautamente rispose, trasformandola in "stu' pisci". Da questo piccolo "incidente" nacque "Agata", uno dei cavalli di battaglia dell'avanspettacolo di Ciccio Ingrassia, che, dopo aver frequentato le sale dove artisti minori proponevano i loro numeri, cominciò ad inventarsi un personaggio su misura: si esibisce in macchiette intrattenendo il pubblico con battute e gag improvvisate a seconda della situazione. Un altro espediente comico era la sua fisicità: alto, magro, allampanato, vestito con un pantalone corto e un cappelletto stretto, già questo garantiva una risata. Verso la fine della Seconda Guerra Mondiale forma con 2 amici (uno di questi era Enzo Andronico, un attore che comparirà in molti film di Franco e Ciccio; l'altro comico si chiamava Ciampolo) il trio Sgambetta. Nel settembre-ottobre del 1944 debuttarono a Termini Imerese, in quell'occasione Ciccio racconta che non avendo i soldi per comprare delle calze di seta nera per lo spettacolo, dovette colorarsi le caviglie con la vernice, un trucco che comunque funzionò pur dando qualche piccolo fastidio. Da allora abbandonò il mestiere di modellista e iniziò a girovagare l'Italia per apprendere i segreti del mestiere. Nel 1945, quando gli americani liberarono l'Italia, il trio Sgambetta approdò anche al nord, iniziando da Torino, città in cui Ciccio ebbe modo di lavorare con l'allora esordiente Gino Bramieri. L'esperienza piemontese fu "macchiata" dal furto in una latteria compiuto da un siciliano, e fu indagato proprio il nostro Ciccio (che comunque fu scagionato dopo tre giorni). Poi ancora in giro per l'Italia, a Pescara, a Foggia, toccando molti teatrini di provincia. Nel 1950 nacque un altro trio formato da Ciccio, Cecè Doria e Maurel, il cui pezzo forte era un numero in cui andavano in scena vestiti da donna, un espediente di grande effetto comico spesso usato nell'avanspettacolo.

LE PRIME ESPERIENZE TEATRALI E L'INCONTRO ARTISTICO

Gli inizi teatrali furono molto duri per entrambi, visto che eravamo nel periodo del dopoguerra, c'era miseria e quindi la maggior parte delle persone non poteva permettersi di andare in teatro. Così sia per Ciccio che per Franco i primi anni da artisti sono all'insegna della fame e della povertà, ma le difficoltà comunque non scoraggiano affatto i due attori siciliani. Ciccio perfeziona il suo personaggio e crea nuove parodie e nuovi numeri costruendosi già un nome all'interno del mondo dello spettacolo; Franco, dopo il carcere, incontra Irene Gallina (sua futura moglie da cui avrà due figli: Maria Letizia e Massimo) e decide di mettere la testa a posto: comincia a lavorare in teatro e nel 1950 riesce addirittura a debuttare nel prestigioso teatro di Palermo, il Golden. Il 17 settembre del 1953 si sposa e nel 1954 incontra Ciccio con il quale debutta in coppia.

I due si conoscevano di vista già da tempo, (quando Franco si faceva chiamare Ciccio Ferraù e Ciccio stava facendo del teatro); allora Franco guardava con un senso di ammirazione e di rispetto Ciccio, visto che in ambito teatrale aveva già una certa esperienza. L'occasione per debuttare insieme avvenne quando il capocomico della compagnia di avanspettacolo "Pasquale Pinto", Giuseppe Pellegrino di Catania, propose a Ciccio di sostituire uno dei suoi comici Nino Formicola (che si era ammalato durante il viaggio da Napoli a Palermo) nello spettacolo che dovevano fare in Sicilia. Ciccio all'inizio rifiutò, perché era tornato a fare il tagliatore-modellista di calzature e propose a Pellegrino di assumere Franco al suo posto. Inizialmente il capocomico non voleva scritturare Franco perché voleva puntare sul sicuro, ma Ciccio insistette così tanto (perché credeva nelle sue qualità) che alla fine Pellegrino accettò a patto però che venisse anche Ciccio, in modo che se Franco si fosse rivelato un fiasco avrebbe avuto un valido ricambio. Così il gran debutto avvenne nel teatro "Costa" di Castelvetrano presso Trapani.

IL PRIMO SKETCH INSIEME

Al debutto fu Franco a suggerire a Ciccio di interpretare un numero insieme: Ciccio entrava per primo e mentre intonava la canzone malinconica "Core n'grato" Franco faceva la sua irruzione cominciando a disturbare il compagno dando fondo a tutte le sue gag pur di metterlo in difficoltà (dall'imitazione della scimmia a quella del coccodrillo, dal pianto funebre siciliano alla bilancia, dal burattino alla danza del ventre). Fu un grande successo dovuto all'originalità delle battute e alla grande mimica dei due comici. La canzone era un mero pretesto per dar sfogo a tutto l'estro dei due siciliani. Al brano normale si sostituivano una serie di situazioni esilaranti che consentivano ai due comici di esprimere tutta la loro strabiliante comicità. Inizialmente "Core n'grato" durava 5 minuti, poi, in seguito a continue trovate e miglioramenti, si dilatò fino a 9 minuti. Quello sketch fu il loro trampolino di lancio verso il successo ed oggi rappresenta una pietra miliare del loro repertorio. Dopo questo felice episodio, Franco e Ciccio decisero di continuare a lavorare insieme e misero a punto nuovi sketch e nuove gag. Bisogna dire che allora Franco, oltre a non essere un esperto di tecniche recitative, era anche piuttosto povero nel gergo teatrale, pertanto all'inizio Ciccio gli faceva un po' da tutor artistico.

I SUCCESSI TEATRALI E IL DEBUTTO NEL NORD ITALIA

La collaborazione artistica fra i due comici siciliani si consolidò ben presto in una profonda amicizia. L'esperienza e la maggior padronanza del linguaggio di Ciccio si fondono perfettamente con la vitalità e la grande potenzialità comica di Franco. Dopo un periodo di prova nella maggior parte dei teatri siciliani, Franco e Ciccio approdarono a Napoli. Qui ottennero un enorme successo al Salone Margherita, dove fecero moltissimi spettacoli (generalmente dei collage di sketch). Benché i due comici erano ormai diventati noti, finora avevano frequentato soltanto i teatri di serie B del sud e il loro tenore di vita era ancora basso (dormivano nello stesso letto e non sempre mangiavano). Un'altra svolta nella loro vita avvenne quando vennero notati da un altro capocomico siciliano, Giovanni Di Renzo che li aveva visti durante uno spettacolo tenuto al "Politeama" per i vigili urbani. Di Renzo affermò che se Franco e Ciccio avessero ottenuto anche al nord almeno il 50% del successo che avevano riscosso lì, sarebbero diventati i migliori comici italiani e così vennero ingaggiati per una tournée al nord. Il capocomico gli anticipò 10.000 lire (che spesero subito e per questo furono costretti a fare un prestito per pagare il biglietto ferroviario per Milano). Nel 1957 Franco e Ciccio si esibirono in molti teatri lombardi. Il debutto al nord avvenne a Como con lo spettacolo "Al Texas Club" scritto da Gallucci, che poi portarono anche a Bergamo (al teatro Duse). Il secondo lavoro che presentarono si intitolò "Due in allegria e Cinque in armonia" scritto da Amedeo Sollazzo. In questo spettacolo Franco e Ciccio interpretavano lo sketch di due legionari (ripreso poi nel Locandina del film "I due della legione" (1962) film del 1962 "I due delle legione"). In Lombardia Franco e Ciccio riscossero successo e apprezzamenti dando prova che la loro comicità era universale e quindi non legata a confini regionali. Dopo la Lombardia, Franco e Ciccio cominciarono a girare nel 1959 i teatri del Veneto. Durante un loro spettacolo a Belluno, Franco rimase imprigionato con le ballerine nel teatro dove era scoppiato un incendio. Fortunatamente riuscì a trovare l'estintore e si salvò. Questi due lavori gli valsero il primo riconoscimento ufficiale, il premio "Mascotte", assegnato dall'omonima rivista d'avanspettacolo, come rivelazione dell'anno. Nella stessa compagna faceva parte anche un'orchestra denominata "Complesso Calì", di cui faceva parte Rosaria Calì, che Ciccio sposerà il 5 settembre 1960 a Genova, durante una tournée. Da Rosaria, Ciccio ebbe un figlio, Giampiero, nato il 18 novembre 1961 che, dopo essersi laureato in giurisprudenza, seguirà le orme paterne entrando nel mondo dello spettacolo. Con "Due in allegria e cinque in armonia" Franco e Ciccio si esibirono anche in Francia, grazie all'interesse dell'impresario francese Metz. Nonostante il loro francese fosse del tutto incomprensibile, riuscirono a far

ridere anche il pubblico d'oltralpe grazie alla potenza comica
delle loro gag visive.

UNA COPPIA PERFETTA

Nel panorama teatrale italiano si era affacciata una nuova
coppia di comici siciliani (i primi comici siciliani) le cui
potenzialità erano veramente eccezionali. Si trattava di
un'alchimia unica: da una parte Franco, basso, tarchiato,
zotico, esplosivo, il "cretinetto" della situazione, dall'altra
Ciccio, alto, magro, colto, quasi aristocratico, la logica.
All'inizio Ciccio cercava di affinare ai tempi e ai modi recitativi
l'inesperto Franco, che con la sua irruenza, la sua vitalità e la
sua fantasia, rendeva estremamente comico ogni sketch,
infarcendolo con lazzi, deformazioni dialettali e gag che
mandavano in visibilio la folla. Franco era veramente una
forza della natura: oltre ad avere un buon orecchio per la
musica (riusciva a scrivere canzoni pur essendo digiuno di
teoria musicale), possedeva una vera e propria faccia di
gomma, riusciva a fare delle espressioni uniche e
indescrivibili, in più aveva anche una buona forza fisica che gli
consentiva di eseguire dei numeri difficilissimi (come ad
esempio la gag della bilancia, un numero in cui Franco
simulava una paralisi a forma di V, quindi, con il sedere a terra
e testa e gambe sollevate, Ciccio poneva talvolta sul capo e
talvolta sui piedi una bombetta che faceva sbilanciare il corpo
di Franco, come una bilancia appunto, una cosa
impressionante). Franco ricordava per certi versi l'estro di
Jerry Lewis e le movenze di Totò, anche se, come lui stesso
puntualizza: "..se Totò è marionetta, io sono pupo siciliano"
(fra l'altro quella del burattino è una delle sue migliori

imitazioni, peculiarità che gli fu molto utile per girare l'episodio Che cosa sono le nuvole?, proprio vicino a Totò, nei panni di marionette umane). La fantasia non mancava, la loro comicità era esilarante e ovunque andassero ottenevano sempre i maggiori consensi. Dopo aver dominato l'avanspettacolo e la rivista, ai due siciliani non resta che avventurarsi in altre forme di spettacolo per conquistare una notorietà globale.

IL DEBUTTO CINEMATOGRAFICO

Franco e Ciccio debuttarono al cinema dopo aver conosciuto uno dei cantanti simbolo della musica italiana: Domenico Modugno. Lo conobbero nell'estate del 1958, a Reggio Calabria, dove lavorarono insieme in uno spettacolo di numeri staccati, organizzato da Gino Buzzanca (lo zio di Lando). Modugno era una delle attrazioni principali, mentre Franco e Ciccio chiudevano il primo tempo con uno dei loro sketch. Ebbero molto successo e Modugno ne rimase stupito e, dopo averli conosciuti di persona, promise loro il suo aiuto appena fossero giunti a Roma. Passarono due anni e nel frattempo Franco e Ciccio si accordarono con Ravera, un impresario teatrale, per fare una commedia musicale in Sudamerica. Gli vennero versate 250.000 lire come anticipo, una cifra enorme per loro, e quindi accettarono l'offerta senza ripensamenti. Lo spettacolo però non si fece più e, durante una serata a Roma, vennero contattati Foto tratta da "Appuntamento a Ischia" (1960) da Modugno che stava lavorando ad "Appuntamento a Ischia", diretto da Mario Mattoli. Inizialmente i due attori pensavano che volesse offrirgli una parte nel film, mentre in realtà la sua fu una proposta differente: Modugno voleva formare una compagnia con loro due come comici e suo fratello capocomico.

Franco però non seppe resistere al richiamo del cinema: si avvicinò al set e venne notato assieme a Ciccio dal regista Mattoli, che aveva assistito ad alcuni loro spettacoli. Mattoli narra che, al primo incontro sul set, chiese a Franco e Ciccio di mostrargli cosa sapessero fare, per poter scrivere una scenetta ad hoc. Il regista ricorda: <<Mi domandai se erano matti quando annunciarono il tema: i lamenti di un padre sulla salma ancora calda del figlio di vent'anni. Scherziamo? Chi può pensare di far ridere con un argomento così tragico? Risi per tutto il tempo. Non avevano scelto quel pezzo a caso. Erano già due attori consumati e scaltriti, sapevano che mi avrebbero sbalordito. E poi era un condensato della loro comicità prorompente, la gamma delle loro espressioni venne fuori tutta. Mi misero in condizione di scrivere due scene esilaranti. Che interpretarono da pari loro>>.

Giunsero così ad un importante accordo: Franco e Ciccio furono scritturati per la parte di due contrabbandieri e percepirono lo stipendio di 50.000 lire per un impegno di 13 giorni. Sia Modugno che Mattoli furono molto entusiasti dell'interpretazione dei due siciliani e, una volta terminate le riprese del film, vennero contattati da Modugno che offrì loro la bellezza di mezzo milione di lire e un contratto di 5 anni con il quale erano legati al cantante. Firmarono subito. Restava però il problema del contratto con Ravera e dell'anticipo versato. Fu Ciccio che riuscì a strappare a Ravera il contratto e a ridargli l'anticipo: attingendo alle sue doti di attore drammatico, gli fece credere che Franco si era messo nei guai ed era finito in carcere!

DOMENICO MODUGNO E L'AVVIO NEL CINEMA

Come già detto, Domenico Modugno aveva in esclusiva Franco
e Ciccio per cinque anni. Il loro primo impegno fu la
partecipazione alla commedia musicale "Rinaldo in campo" di
Garinei e Giovannini, uno spettacolo molto atteso che ebbe
una serie di rinvii. I due autori, benché conoscessero già
Franco e Ciccio, li sottoposero ad un provino. Per l'occasione i
due siciliani affittarono il teatro Altieri, ingaggiarono per un
giorno una compagnia e concentrarono in due ore tutto il
meglio del loro repertorio. Garinei e Giovannini decisero di
usare alcuni di quegli sketch e costruirono i personaggi di due
briganti siciliani dell'epoca risorgimentale: Franco era
Prorunasu e Ciccio era Facci ri santu. Tuttavia un nuovo
incidente fece slittare la data della prima alla stagione '61-'62:
durante le prove Modugno si infortunò ad una gamba. Per
ammortizzare i costi della sosta forzata, si decise di ripiegare
su di un film. Fu in questo modo che nacque il primo film in
cui Franco e Ciccio erano protagonisti. Nel 1961, diretto da
Riccardo Pazzaglia, uscì "L'onorata società", una commedia
con una trama curata, che trattava di una questione di mafia, a
cui presero parte oltre a Modugno (con la gamba ingessata
ovviamente) anche altri attori noti, come Rosanna Schiaffino e
Tiberio Murgia. In più appariva in un ruolo secondario anche
il grande Vittorio De Sica, a cui fu ripagato il "favore" grazie
alla partecipazione di Franco e Ciccio nel film da lui diretto in
quello stesso anno, "Il giudizio universale", una pellicola piena
di simbolismi, surreale, che si presta a diverse analisi sociali,
che però fu un insuccesso commerciale, al punto che, pur di
rilanciarlo, fu pubblicizzato come "il film più comico dell'anno
con Franchi e Ingrassia". In realtà la loro era una piccola
parte: interpretavano il ruolo di due disoccupati che si
disputavano un posto di lavoro come custode di un teatro.

Tuttavia ciò era la dimostrazione della notorietà che i due
attori avevano conquistato, al punto che la loro presenza
costituiva già in partenza garanzia di comicità. In oltre, a
questo film presero parte anche altri grandi attori, quali
Vittorio Gassman, Alberto Sordi, Fernandel, Nino Manfredi,
Renato Rascel, Silvana Mangano, oltre a De Sica e a Modugno.
Nonostante l'imponente cast fu comunque un flop sia per il
pubblico che per la critica.

RINALDO IN CAMPO

A causa dell'infortunio a Modugno, la prima dello spettacolo
Locandina dello spettacolo teatrale "Rinaldo in campo" (1961-
62) "Rinaldo in campo" dovette slittare alla stagione '61-'62,
al teatro Sistina di Roma. Scritto e diretto da Garinei e
Giovannini, fu uno dei più grandi successi teatrali italiani di
tutti i tempi, registrando record d'incassi mai raggiunti in
questo campo. Particolarmente apprezzate le musiche,
composte da Domenico Modugno: famosissime sono divenute
le canzoni "Tre somari e tre briganti", cantata da Modugno,
Franchi e Ingrassia e "La bandiera", che viene anche insegnata
ai bambini delle scuole elementari. "Rinaldo in campo" ha
anche rappresentato l'Italia al Festival Internazionale del
Teatro in Francia, con enorme successo di critica.

LA ROTTURA CON MODUGNO

Dal 1961 al 1963, Franco e Ciccio parteciparono ad una serie
di film percependo compensi bassi rispetto agli standard degli
altri attori. La scelta di affidarsi ad un agente cinematografico,
Amleto Adani, inasprì i rapporti con Modugno che, di fatto,
vedeva venir meno il contratto precedentemente stipulato fra

di loro. Come parziale "risarcimento", Franco e Ciccio presero parte a titolo gratuito al film di Modugno "Tutto è musica" (1963), che non ebbe un gran seguito. Modugno li volle nuovamente insieme per recitare in una nuova commedia musicale: "Tommaso d'Amalfi", di Eduardo De Filippo. Purtroppo De Filippo aveva scritto i personaggi (Franco fu "Cacuocciolo" e Ciccio "Sfingione", due popolani) prima di sapere che avrebbe avuto a disposizione Franco e Ciccio. Pertanto fu molto evidente il disagio di dover vestire dei panni così stretti per due grandi personalità come Franchi-Ingrassia: il loro impiego fu solo un'inadeguatezza dettata dal successo del momento. Lo spettacolo non bissò il successo della rappresentazione precedente. Dopo una serie di spettacoli a Roma e a Milano, la compagnia si sciolse; quando poi, per ragioni sindacali, Modugno fu costretto a ricostituirla, Franco e Ciccio rifiutarono perchè avevano assunto nuovi impegni di lavoro, e così il rapporto con il cantante si interruppe. Dopo diversi anni torneranno amici, anche se non più come una volta.

L'INIZIO DI UNA BRILLANTE CARRIERA ARTISTICA

Ebbe così inizio una delle filmografie più vaste del cinema italiano. Franco e Ciccio cominciavano ad essere contesi dai registi che potevano disporre così di due attori di "razza", che davano una certa sicurezza sia per gli incassi che per la comicità, in più il loro ingaggio era decisamente basso. Si lavorava a ritmi forsennati, spesso diretti da registi mediocri o con sceneggiature inconsistenti. Ciccio rivela che solitamente litigavano sulla scelta delle sceneggiature, ma poi finivano per accettarle tutte, per il timore di rimanere senza lavoro. All'inizio degli anni '60, ottennero soprattutto piccole parti: solitamente proponevano qualche sketch in cui i loro personaggi, due siciliani stolti e ingenuotti, finivano per essere coinvolti dall'evolversi della storia. Così accadde per "Cinque marines per 100 ragazze", "Pugni, pupe e marinai", "Le massaggiatrici", "Gerarchi si muore" e "I tre nemici". In altri film ebbero a disposizione un intero episodio (i film a episodi erano molto in voga negli anni '50 e '60, perchè consentivano di ridurre i tempi e i costi del lavoro e soprattutto perchè in questo modo si poteva disporre di un cast più ampio di maggior richiamo per il pubblico) dove comunque i loro personaggi erano più o meno sempre quelli già citati prima: ciò avvenne in "I motorizzati", "La donna degli altri è sempre più bella", "Avventura al motel", "Obiettivo ragazze" e "Gli imbroglioni". Fra i primi 20 film, oltre al già citato "L'onorata società", ebbero modo di essere protagonisti assoluti solo altre tre volte: in "I due della legione", nel cui cast figura anche un grande imitatore dell'epoca, Alighiero Noschese; "Il giorno più corto", che fu un film "speciale", nato per salvare la gloriosa casa di produzione Titanus che attraversava un periodo difficile (a questo film presero parte molti attori famosi, da Walter Chiari a Ugo Tognazzi, Peppino ed Eduardo De Filippo, da Totò a Macario, tutti lavorarono gratis); infine "Due samurai per cento geishe", film che più si avvicina a quella che sarà la successiva produzione "classica" dei due comici. Il film del 1962 "Maciste contro Ercole nella valle dei guai" che vedeva come protagonisti principali Raimondo Vianello e Mario Carotenuto, dato che non incassò granché, fu successivamente re-distribuito col titolo "Franco, Ciccio e Maciste contro Ercole nella valle dei guai", per sfruttare l'onda del successo e della popolarità che i due palermitani ottennero grazie al cinema.

LA COPPIA D'ORO DEL CINEMA ITALIANO

Il 1962 fu un anno molto importante per la coppia Franchi-Ingrassia perché ottennero i primi riscontri estremamente positivi ai botteghini, che gli valsero appunto l'appellativo di "coppia d'oro" del cinema italiano, e perché ebbero modo di lavorare con due dei registi che sapranno sfruttare al meglio le loro grandi doti comiche e la loro naturale capacità d'improvvisazione (che servì enormemente, in quindici anni di film, a sopperire alle carenze di alcuni soggetti non sempre all'altezza della situazione). Si tratta di Giorgio Simonelli (che nel '62 fece "Gerarchi si muore") e Lucio Fulci (che li diresse per la prima volta in "I due della legione") che ebbero modo di dirigere per ben 12 volte il primo e per 13 volte il secondo, la pregiata coppia di comici. Fra tutti questi lungometraggi vennero fuori alcuni dei film più divertenti, popolari e redditizi dei due siciliani: ad esempio, Simonelli diresse l'intera tetralogia incentrata sulla serie dei mafiosi ("I due mafiosi", "Due mafiosi nel far-west", "Due mafiosi contro Goldginger" e "Due mafiosi contro Al-Capone") mentre a Fulci si devono titoli quali "002 agenti segretissimi", "Come svaligiammo la banca d'Italia", "Il lungo, il corto, il gatto". "I due della legione", l'ottavo film interpretato da Franco e Ciccio e appena il secondo con loro protagonisti assoluti, fu il primo di una lunga serie di successi commerciali che arricchiranno e salveranno tanti produttori cinematografici. A fronte di un costo produttivo del tutto irrisorio (appena 100 milioni investiti) e per di più ostacolato da un'agguerrita concorrenza del ben più quotato "Sodoma e Gomorra" di Robert Aldrich distribuito dalla Titanus, il film uscì con un certo pessimismo, al punto che la casa produttrice, sempre la Titanus, lo distribuì reclamizzandolo come prodotto dalla "Ultra Film", nella volontà di non esporsi per un flop quasi certo. Quando nei primi giorni di programmazione il film di Franco e Ciccio incassò addirittura il doppio dell'antagonista, la Titanus optò per un cambio di strategia e redistribuì nuovo materiale pubblicitario con la chiara e "orgogliosa" dicitura: << La Titanus ha l'onore di presentare al pubblico italiano la nuova coppia di comici Franco Franchi e Ciccio Ingrassia, in "I due della legione" >>. Il film, al termine della sua programmazione nelle sale, ebbe modo di incassare una cifra stratosferica per l'epoca, circa 500 milioni di lire! Così verranno poi fatti gli altri film di Franco e Ciccio: budget limitatissimi, in media potevano contare su 110-120 milioni, raramente si arrivava a 150 milioni); tempi di lavoro forsennati, un vero record fu girare Locandina del film "Don Franco e don Ciccio nell'anno della contestazione" (1970) "Don Franco e don Ciccio nell'anno della contestazione" (1970) che fu completato in sole 3 settimane; sceneggiature e regie di basso spessore, poichè si faceva affidamento sull'improvvisazione e sul grande bagaglio comico dei due assi emergenti. Nonostante tutto, puntualmente, i film di Franco e Ciccio sbancavano i botteghini, infischiandosene dei crudeli quanto ridicoli attacchi della critica dell'epoca, perchè ormai quei due ex guitti di strada erano entrati nel cuore della gente, che non si stancava mai di seguire, di settimana in settimana, al cinema le loro strambe e divertenti avventure. Mediamente, un loro successo incassava fra i 600 e gli 800 milioni di lire e, più volte, si è anche superato il miliardo (ovviamente in riferimento agli anni '60-'70, quando un miliardo di lire valeva 10 volte più rispetto agli anni '90). Decisamente rari (soprattutto se consideriamo i soli film con Franco e Ciccio protagonisti) furono i flop, se così possiamo definirli, perché parliamo sempre di un incasso che si attestava fra 100-200 milioni.

UNA PRODUZIONE SMISURATA

Dopo il 1963, con già 20 titoli all'attivo, realizzati in appena 4 anni, iniziò una sorta di triennio d'oro per la coppia Franchi-Ingrassia. Innanzitutto saranno tre anni caratterizzati da una loro costante presenza nei cinema italiani, visto che in questo breve arco di tempo vennero girati addirittura 38 film! (16 nel 1964, 15 nel 1965 e 7 nel 1966). Anche se per alcuni si trattò di semplici apparizioni in un episodio, costituiscono un vero e proprio primato, reso possibile dai tempi di lavorazione che erano molto ridotti grazie all'assenza di rigidità dalle sceneggiature e dalle regie, e soprattutto grazie all'enorme abnegazione che i due comici mettevano nel loro lavoro. E' esemplare, a tal proposito, una dichiarazione di Castellano e Pipolo, due celebri autori comici che ebbero modo di lavorare con Franco e Ciccio in un paio di film e in qualche varietà televisivo: <<In un mondo di comici costruiti e avari che dosano il loro umorismo con il contagocce, Franco e Ciccio si sono sempre offerti generosamente al pubblico, dandogli molto più di quanto a loro chiedessero produttori e sceneggiatori >>. Ormai erano diventati padroni di uno standard di comicità che gli consentiva di lavorare a pieno ritmo ai vari film e, ad un certo punto, fare un film si ridusse ad una semplice esecuzione di personaggi, mentre lo scenario era diventato un mero contorno: per loro essere militari, mafiosi, ladri, guardie, nordisti, sudisti, non aveva alcuna importanza, riuscivano sempre ad entrare nei meccanismi giusti per piacere al loro pubblico. Ciccio era quello che voleva un po' economizzare le uscite della coppia, cercando di scegliere le proposte migliori, ma Franco finiva sempre per convincere il compagno ad accettare tutto, un po' per paura di restare senza lavoro, un po' per avere continuità e competitività sul mercato, rispetto agli altri attori, e un po' per mantenere stabile il rapporto con il pubblico. Inoltre ricordiamoci che tra un film e l'altro ebbero anche modo di continuare a fare serate in giro per l'Italia, a partecipare in veste di ospiti a tanti programmi televisivi e radiofonici, a far parte del cast fisso del "Cantatutto" in onda sulla rete nazionale (il vecchio nome di Raiuno) nel 1964 e a condurre "I due nel sacco" nel 1966. Tornando ai 38 film realizzati nel triennio d'oro, non possiamo ignorare gli enormi introiti che la maggior parte delle pellicole portarono ai produttori, coloro che più si arricchivano, visto che i nostri comici oltre a non risparmiarsi sul lavoro, accettavano dei compensi molto bassi rispetto al loro effettivo valore (e rispetto alla media che incassavano i loro colleghi di allora). Si calcola che, nel complesso, i film con Franchi e Ingrassia, nel solo 1964, incassarono la bellezza di 7 miliardi e 300 milioni circa di vecchie lire; in parole povere, questa coppia, da sola, valeva il 10% dei guadagni globali del cinema italiano in quell'anno. Tra i loro successi di quegli anni, oltre alla già citata tetralogia "mafiosa", ricordiamo "I due toreri", "I due figli di Ringo", "I due evasi di Sing Sing", "002 agenti segretissimi", "Come svaligiammo la banca d'Italia", "I due sanculotti". Per ognuno si trattò di incassi attorno agli 800-900 milioni di lire, cifre da capogiro.

I MAESTRI DELLA PARODIA

Nel lungo corso della loro filmografia comica, i due siciliani ebbero modo di offrire il meglio di sè nell'arte di parodiare film famosi. Ogni forma di parodia venne da loro sfruttata: dal semplice richiamo nel titolo, un espediente usato più che altro da sceneggiatori e produttori per attirare più gente, contando sull'onda del successo e della pubblicità del film parodiato, ma con una trama assolutamente autonoma e indipendente; fino alla più completa e approfondita citazione di opere o di generi famosi, messi alla berlina dall'estro di Franco e Ciccio. Fu così che nacquero "I due maggiolini più matti del mondo" da "Herbie, un maggiolino tutto matto", oppure "Continuavano a chiamarli... er più er meno" ispirato da "Continuavano a chiarmarlo Trintità". Per questi due lungometraggi si tratta di parodie circoscritte al solo titolo e con una trama ben diversa; poi vi sono parodie più "complete", come "Per un pugno nell'occhio" tratto dal western "Per un pugno di dollari", "Farfallon" ispirato da "Papillon" o "Ultimo tango a Zagarol" da "Ultimo tango a Parigi" o infine parodie che colpiscono un intero genere cinematografico, come "Le spie vengono dal semifreddo" che richiama nel titolo "Le spie vengono dal freddo" o di "002 agenti segretissimi", che ironizzano entrambi le caratteristiche dei film di spionaggio; oppure di "Ciccio perdona...io no!" che, pur venendo da "Dio perdona...io no!", fa il verso all'intero genere western.

Ciuri Ciuri

Ciuri di gersuminu e rampicanti

nun cantu né p'amuri e né p'amanti

nun cantu né p'amuri e né p'amanti

cantu pi ralliarimi la menti.

Ciuri ciuri ciuriddi tuttu l'annu

l'amuri ca mi dasti ti lu tornu

Ciuri ciuri ciuriddi tuttu l'annu

l'amuri ca mi dasti ti lu tornu

Lu sabatu si sapi è allegra cori,

biatu cu àvi bedda la muggheri,

cu l'àvi bedda ci porta li dinari.

cu l'àvi brutta ci mori lu cori.

Ritornello

Si troppu dispittusu tu ccu mia

cascu du lettu su mi 'nsonnu a tia,

si bruttu 'nta la facci e 'nta lu cori

cu tia ju' non mi vogghiu maritari.

Ritornello

Ciuri di rosi russi a lu sbucciari

amara a cui li tò paroli criri.

L'omini siti tutti munsignari

jù non ti vogghiu no! Ti nni pò iri.

Ritornello

La me vicina e' vucera pazza

nun si la chiuri mai la so vuccuzza

nun si la chiuri mancu si s'ammazza

conzala comu voi sempri e' cucuzza

Ritornello

Cchiu' ti taliu chiu' diventu siccu

mi sentu cu la testa dintra un saccu

pi veni' appress'a tia persi lu sceccu

e ora comu fazzu a cu accravaccu

Ritornello

Mi pozzu sciarriari cu me matri

picchi' mi fici accussi curtulidda

li longhi sunnu tutti strarrieri

li curti sunnu di zuccaru e meli

Fiori di gelsomino e rampicante

Non canto né per l'amore e né per gli amanti,

non canto né per l'amore e né per gli amanti,

canto per rallegrarmi la mente

Fiori fori, fiorellini tutto l'anno

l'amore che mi hai dato io te lo ritorno.

Fiori fori, fiorellini tutto l'anno

l'amore che mi hai dato io te lo ritorno.

Il sabato si sa è allegracuore,

beato chi ha bella la moglie

chi l'ha bella le porta i denari,

chi l'ha brutta gli muore il cuore.

Ritornello

Sei troppo dispettoso tu con me

cado dal letto se ti sogno;

sei brutto nella faccia e nel cuore

con te non mi voglio sposare.

Ritornello

Fiori di rose rosse mentre sbocciano

amaro a chi le tue parole crede.

Gli uomini sono tutti menzogneri

Io non ti voglio no! Te ne puoi andare

Ritornello

La mia vicina è voce pazza

non se la chiude mai la sua boccuccia

non se la chiude nemmeno se s'ammazza

condiscila come vuoi sempre è zucchina

Ritornello

Più ti guardo e più dimagrisco

mi sento con la testa dentro ad un sacco

per venire appresso a te ho perduto l'asino

e ora come faccio? a chi vado in groppa?

Ritornello

Mi posso litigare con mia madre

perché mi ha fatto così bassina

i lunghi sono tutti rissosi

i bassi sono di zucchero e miele.

Ritornello

Aiu 'na zita ca si chiama Nedda

bedda di facci ma senza mirudda

ci dissi mi la dai 'na vasatedda

mi dissi no, picchi' manciai cipudda.

Ritornello

Me soggira mi dici va travagghia

nun fari mali patiri a me figghia

quannu t'a detti iu era na quagghia

ora l'arriducisti na rarigghia.

Ritornello

Ciuri di rosi russi comu a sita

me figghia iu vulissi fari zita

giuvini beddu e riccu iu vurria

ca campa a me figghia e puri a mia.

Ritornello

Ho una fidanzata che si chiama Nedda

bella di faccia ma senza cervello

le dissi me lo dai un bacetto?

Rispose no! perché ho mangiato cipolla.

Ritornello

Mia suocera mi dice vai a lavorare

non fare mai soffrire mia figlia

quando te l'ho data era una quaglia

ora l'ha ridotta una graticola.

Ritornello

Fiori di rose rosse come la seta

mia figlia io vorrei fidanzare

un giovane bello e ricco io vorrei

che campi mia figlia ed anche me.

VITTI NA CROZZA (tradizionale)

Vitti na crozza supra nu cantuni,
iu fui curiusu e ci vosi spiari,
idda m'arrispunniu cu gran duluri
murivu senza corpi di campani.
Cunzatimi cunzatimi lu lettu
ca da li vermi sugnu mangiatu tuttu.
Si nun li scuntu ca li me piccati,
li scuntu all'autru munnu
o scilliratu.
Si nni eru si nni eru li me anni
si nni eru, sinni eru e un sacciu unni,
ora ca sugnu arrivatu a ottant'anni
chiamu la vita e la morti rispunni,
ora ca sugnu arrivatu a ottant'anni
chiamu la vita e la morti rispunni.
Cunzatimi cunzatimi lu lettu
ca di vermi sugnu mangiatu tuttu.
Si nun li scuntu ca li me piccati,
li scuntu all'autru munnu
o scilliratu.

Vitti na crozza" è la canzone siciliana più conosciuta, la più cantata, è diventata anzi, l'emblema canoro della Sicilia, non è raro sentirla cantare da comitive allegre e spensierate.

La cantautrice siciliana Balistreri la interpreta senza il ritornello gioioso del trallalleru trallallà rallentando vistosamente il ritmo. E' la giusta interpretazione anche perché le parole raccontano di un dialogo di un anziano con un teschio che racconta la sua morte "senza campane" quindi senza sacramenti.

E' una canzone triste, senza speranza, il vecchio invoca la "vita" ma "la morte risponde". Nella voce della Balistreri traspare la tristezza di chi ha vissuto la sua vita e si ritrova vicino alla morte, di chi si interroga sul dolore, sulla vita e non trova risposta alcuna.

L'autore del testo è un siciliano sicuramente ignoto, come ignoti sono gli autori di moltissime canzoni e che appartengono al popolo. La musica è stata registrata alla SIAE dal maestro agrigentino Franco Li Causi, non si conosce se la musica è stata inventata dal Li Causi o se il Causi arrangiò un tema musicale antico scrivendo la partitura e quindi riportando sul pentagramma un tema musicale non suo ma della tradizione del popolo siciliano.

Si Maritau Rosa

Vinni la primavera
li mennuli su 'nciuri
a mia 'nfocu d'amuri
lu cori m'addumò

l'aceddi s'assicutunu
facennu discurseddi
di quanti cosi beddi
ca mi fannu 'nsunnar
si maritau rosa
Saridda e Pippinedda
e iu ca sugnu bedda
mi vogghiu maritਾà

di quanti beddi giuvini
ca passunu di sta strada
nuddu di na taliata
digna la casa me

e iu tra peni e lacrimi

distruggiu la me vita
mi vogghiu fari zita
mi vogghiu maritÃ

si maritau Rosa
Saridda e Pippinedda
e iu ca sugnu bedda
mi vogghiu maritÃ

Mi votu e mi Rivotu

Mi votu e mi rivotu suspirannu
Passu li notti 'nteri senza sonnu
E li biddizzi tòi vaiu cuntimplannu
Li passu di la notti nzinu a gghiornu

Pi tia non pozzu ora cchiu durmiri
Paci non havi chiù st'afflittu cori

Lu sai quannu ca iu t'aju a lassari
Quannu la vita mia finisci e mori
Lu sai quannu ca iu t'aju a lassari
Quannu la vita mia finisci e mori

Mi votu e mi rivotu suspirannu
Passu li notti 'nteri senza sonnu

Tarantella d'amuri

Ccu 'ssa funcia ca mi teni
mi fai propriu siddiari
si daveru mi voi beni
cchiù 'ssa funcia non l'ha fari
Cchi t'ha fattu finarmenti
ca cchiù cuntu non mi duni
cridi a mia ca non c'è nenti
si ti dugnu 'npizzuluni
'Npizzuluni cchi cci fà ?
tu mi dici ca non stà
iu ti dicu 'nveci si
e l'amuri si fà accussì
Quannu ss'occhi marioli
supra l'occhi me riposi
senza diri dù paroli
sannu diri tanti cosi
Hannu lampi di disiu
di sprinnuri fannu sfrazzu
ti taliu, ti taliu
finu a quannu ca t'abbrazzu
Si t'abbrazzu cchì cci fà ?
tu mi dici ca non stà

iù ti dicu 'nveci si
e l'amuri si fà accussi

'Nta 'ssa vucca 'nzuccarata
quannu parri arrestu appisu
si mi fai 'na risata
mi n'acchianu 'nparadisu
Vucchi nichi non n'ha' vistu
comu a chissa ch'è n'aneddu
e perciò ca sempri 'nsistu
ppi scippari 'n vasuneddu
'N vasuneddu cchì cci fà ?
tu mi dici ca non stà
iù ti dicu 'nveci si
e l'amuri si fà accussi

9 798335 728515